Gewidmet

dem Gedenken an

Joseph Kardinal Cardijn (1882-1967)

dem letzten Propheten des Laienapostolates

und den erfreulich vielen Christen,
die gegen alle Restaurationen und Resignationen
dem „Aggiornamento" des II. Vaticanum die
Treue halten.

Josef Hülkenberg

Abschied vom betreuten Denken

Laienapostolat auf Augenhöhe

www.tredition.de

© 2012 Josef Hülkenberg

Umschlaggestaltung, Illustration: Josef Hülkenberg
Titelfoto: Marionettenspiel zur Aktion „online zum
Papst" in Siegburg am 4.9.2011

Verlag: tredition GmbH
978-3-7439-2734-6 (Paperback)
978-3-7439-2736-0 (Hardcover)
978-3-7439-2735-3 (e-Book)
Printed in Germany

Bibliografische Information der Deutschen Nationalbibliothek:

Die Deutsche Nationalbibliothek verzeichnet diese
Publikation in der Deutschen Nationalbibliografie;
detaillierte bibliografische Daten sind im Internet
über http://dnb.d-nb.de abrufbar.

Inhalt

Laienapostolat - das Geschenk der Jugendarbeit

...als alles Gold der Welt

Der Mensch ist schon einen eigenartiges Geschöpf.

Pflanzen in all ihrer Vielfalt zeichnen sich aus, dass sie durch ihr Wurzelsystem in ihrer Existenz gut gesichert sind, ihre Nahrung aufnehmen und so auch noch reichlich Früchte tragen.

Tiere aller Art sind mit je spezifischem Instinkt- und Verhaltensrepertoire ausgestattet, das ihnen zum Leben und Überleben dient.

Demgegenüber scheint der Mensch ärmlich ausgestattet. Die Füße im Wasser baumeln lassen, sich dabei den Astralkörper von der Sonne bescheinen zu lassen, mag zeitweise vergnüglich sein. Doch zur ausreichenden Ernährung und Gesunderhaltung des Körpers reicht das nicht. Auch die Instinkte sind zu schwach ausgeprägt, dauerhaft in einer Natur zu bestehen, die nur selten einer Postkartenidylle entspricht.

Ob wir die Betrachtung menschlichen Lebens beim archäologisch ältesten Menschenfund oder den Menschheitsmythen verschiedener Kulturen aufnehmen, stets stoßen wir auf das Geschenk der Schöpfung. Die Fähigkeit zur bewussten Reflexion des eigenen Tuns, des zwischenmenschlichen Handelns als auch des gesamten existentiellen Rahmens - dieses Geschenk macht die scheinbaren Schöpfungsmängel gegenüber Pflanzen und Tieren mehr als wett.

Doch ist es auch ein „tückisches" Geschenk. Es gibt uns keinen humanen Lebensraum, sondern „nur" die Fähigkeiten, Lebensraum human zu gestalten. Diese Fähigkeiten müssen immer wieder und von jedem Menschen neu entwickelt und auf die unterschiedlichen technischen oder sozialen Herausforderungen angewandt werden.

Was auch die Menschheit in ihrer Entwicklungsgeschichte schon geschafft und geschaffen hat, diese existentielle Verantwortung für den humanen Lebensraum und dessen Gestaltung durch eigene Kräfte, Fähigkeiten und Fertigkeiten - also durch Arbeit - ist geblieben.

Solcher Pflicht zur Arbeit, zum wirtschaftlichen Umgang mit den eigenen Kräften und den Ressourcen der Natur, können wir uns nicht entziehen, sie ist unser Schöpfungsgeschenk.

Prozesse und Strukturen gemeinschaftlicher Existenzsicherung an den Menschen, deren gemeinwohlorientierten Interessen und ihren jeweils konkreten Bedürfnissen auszurichten, braucht weniger theoretische Ökonomiekonzepte als die Reflexions- und Tatkraft der Milliarden Frauen und Männer. Menschen, die sich ihrer Würde als Menschen und speziell als arbeitende, gestaltende Menschen bewusst sind und in ihrem jeweiligen Lebensraum Verantwortung übernehmen.

Menschen, die eigenwillig und sozial verantwortlich ihr Leben gestalten. Menschen, die den Mut haben, sich sehend, urteilend und handelnd aktiv an der Entwicklung menschenwürdiger Gesellschaften zu beteiligen.

Seit ihrer Gründung 1924 hat die Christliche Arbeiter-Jugend CAJ weltweit junge Arbeiter und Arbeiterinnen ermutigt und begleitet, ihren Wert abseits der kapitalistischen Klassenordnung und Ausbeutungen zu entdecken. Ein Wert, der nach den Worten Joseph Cardijns größer ist als alles Gold und Geld dieser Welt.

Wie so viele Jugendliche habe ich seit meiner Zeit als Mechaniker-Lehrling die persönlichkeitsprägende Kraft dieser internationalen Bewegung erleben und erfahren dürfen. Die CAJ hat unser Denken mit einer prägnanten Frage geprägt: Wie würde Jesus sich in dieser Situation verhalten?

Sich dieser Frage immer wieder zu stellen und sich nicht auf fertige Antworten aus einem Katechismus zu verlassen, führt nach und nach auf den Weg einer Liebe, die die ganze Welt in neues Licht taucht.

Diese CAJ bot und bietet einen Blick auf ein Christentum, welches die immer wieder real existierenden Dummheiten und Fehler „meiner" Kirche in den Schatten stellt. Weil diese Kirche trotz aller Mängel gesellschaftgestaltende Bewegungen wie die CAJ, die KAB oder das Kolpingwerk hervorbrachte, hat sie bei mir dauerhaft „einen Stein im Brett".

Sollte das Nobelpreiskomitee wieder einmal in Verlegenheit um den Friedenspreis geraten und diesen Preis als „Ermutigung zum Engagement" an einen gerade erst gewählten Präsidenten vergeuden, könnte auch ein Blick in die Geschichte und Leistung der CAJ lohnen.

Geprägte Leben

Veteranentreffen der CAJ (Christliche Arbeiter-Jugend) beim Katholikentag in München. Freudige Wiederbegegnung mit nun alten Weggefährten, Erinnerungen an gemeinsame faszinierende Jugendarbeit. Dieser CAJ verdanke ich drei lebensprägende Grunderfahrungen:

- Kind Gottes zu sein und damit der alle Menschen weltweit in Geschichte und Gegenwart umfassenden Familie Gottes anzugehören. Einer Familie, die alle kirchlichen und religiösen Organisationsformen und Strukturen übersteigt.
- Mitverantwortung in dieser Familie Gottes. Sie wird spirituell erfahren und hat sich im zwischenmenschlichen wie gesellschaftlichen Alltag zu bewähren.
- Der lebendige Gott mag in liturgischen Diensten geehrt werden, auch mögen wir Ihm dort danken. Doch erleben und erfahren können wir Ihn vor Allem im vis-a-vis mit konkreten Menschen, die achtsam, heilwirkend in „heiligem" Geist miteinander agieren.

Wessen Reich komme?

Nehmt die Propheten ernst

Die Nimmersatten scheinen gewonnen zu haben, siegestrunken verkündeten sie ihr Credo: „Hast du was, so bist du was!"
Die Habseligen locken habgierige Habenichtse zum ewigen und globalen Wettbewerb: „Geiz ist geil", „Hol Dir die Gans, die goldene Eier legt."
Wissend und kalkulierend, dass dieser Wettkampf stets in ihre Kassen spült.
Sie und nur sie scheinen die Sieger. Sie sind die Hohepriester des Mammons und senden ihre Vasallen als Apostel der Geldreligion in alle Welt. Sie finden ihre Jünger sogar in Religionsgemeinschaften, die nach eigenem Bekenntnis Widersacher des Mammons sind.
Als Berater kirchlicher Strukturreformen stellt McKinsey die Regeln auf für „effiziente Pastoral" und lässt sie in den Gemeinden verkünden als „Zukunft heute". Als Sprachorgan zeitgemäßen Christentums wird eine Wochenschrift nach Merkur benannt, jenem römischen Gott der Händler, Gaukler und Diebe, den die Griechen Hermes nannten.

Die Ämter sind vergeben, die Schlüsselpositionen besetzt, die Reichtümer verteilt! Die Ohnmächtigen haben sich abgefunden, denn sie wurden abgefunden

- mit unwirksamer Mitverantwortung
- mit Urlaubs-Sonderangeboten
- mit Lusterwerb virtueller und realer Art.

Jeder darf die Eintrittskarte in das Reich erkämpfen: „Hol Dir den Jackpot!" – „Wer wird Millionär?"
Nun kann DAS Reich kommen, nach ihren Bedingungen. Es komme die PAX MONETA!

Aber da sind auch die Anderen. Jede Zeit kennt sie, in jeder Zeit hinterließen sie ihre Spuren - die Zeiten überdauernd, dem Zeitlosen folgend, dem der von sich sagt: ICH BIN.

Meist unbekannt und machtlos achten sie ihre innere Stimme, horchend und gehorchend. Sie erspüren, dass der Mensch nicht selbst sein eigener Urgrund ist, sie aber vor dem Urgrund des Lebens allen Menschen gleich sind.

Sie erkennen die alleinige Herrschaft des ICH BIN und sind zu aller Herrschaft der Menschen distanziert. Berechtigter Führung und Leitung gilt ihre Loyalität, Beherrschungsansprüche weisen sie ab.

Kasten, Klassen und Hierarchien sind ihnen bedeutungslos. Beim Haben bleiben sie gelassen, geben und teilen gern. Sie trauen ihren Träumen und folgen dem Ruf, den sie im Inneren spüren.

Sie gehen ihren Weg, notfalls allein, wissend um die andere Geborgenheit.

ER bereichert sie, öffnet ihren Blick, dass sie unter brennenden Büschen den einen erkennen, der nicht verbrennt.

Ihr Dialog mit IHM ist direkt und sprengt die Riten.

Sie erkennen einander, einig im Geist, ökumenisch vom Herzen her. Immer wieder und zu allen Zeiten finden sie zueinander unter SEINER Führung.

Sie sind „Sand im Getriebe" den Getriebenen, Spielverderber, weil sie SEINEN Regeln folgen.

Den Geschlagenen, den Verlierern im Weltspiel sind sie Stütze und Hilfe. Sie sind eigenwillig und unbeherrschbar, denn sie sind SEINE Legion. Zu allen Zeiten in allen Welten und Religionen leben sie SEIN Reich.

Sie zu ermuntern und zu fördern schafft den Wandel, damit SEIN Reich noch eine Chance hat.

Propheten - zu aller Zeit unterwegs

Menschen, die wahrnehmen, was geschieht.

Die ihre Wahr-nehmung nicht mit Wahr-heit verwechseln. Die die Wirkungen des Wahr-genommen prüfen. Die Wirk-sam von Wirk-lich unterscheiden. Die ihre Einsichten vor der Wirk-lichkeit Gottes deuten.

Die daraufhin ein offenes, wahres Wort wagen und Stellung beziehen.

Aufmachen

Mach Dich auf

Sich aufmachen, öffnen, den Auf-Bruch wagen.

Das sicher scheinende System von Regeln, Normen und Korrektheit überwinden.

Sich herausrufen lassen, hinhörend gehorsam sein.

Eine Lukas-Botschaft

Beim weihnachtlichen Familiengottesdienst fragt der Prediger die Kinder, warum wir Weihnachten feiern.

Auch der fünfjährige Lukas meldet sich heftig, seine Wahrheit kundzutun:

„Weil Jesus gekreuzigt wurde!"

Der Priester, nachdem sich die Heiterkeit der Gemeinde legte:

„Dieser Junge hat den Kern getroffen!"

Nikolaus

Νικε griechische Siegesgöttin,
Λαψοσ das Volk (Gottes)
ΝΙΚΟΛΑΨΟΣ (gr.), der Sieg des Volkes

- Laien sind sie nicht wegen mangelnden Fachwissens, theologischer Inkompetenz oder fehlender Weihe.
- Laien sind sie als „dem Volk angehörend".
- Auch Kleriker sind Laien mit Sonderdiensten im Volk und für das Volk.

ΝΙΚΟΛΑΨΟΣ ,

- nicht Pate eines Laiensieges über die Kleriker
- wohl Pate eines bezeugenden Engagements SEINES Volkes für eine menschenwürdige Welt,
- vielleicht auch Pate der Neubesinnung über das geschichtlich und kirchenrechtlich belastete Verhältnis von Klerus und Kirchenvolk.

Unter uns

Seit Betlehem ist er unter uns, um Himmel und Hölle in Bewegung zu bringen,

damit

- die Schöpfung erhalten bleibt
- die Welt gerechter wird
- jeder Mensch sein Lebensrecht wahrnehmen kann
- die Menschen Gottes gütige Existenz erfahren.

Gebet eines reichen Menschen

An diesem Tag Deiner Menschwerdung, o Herr, danke ich Dir für den Reichtum meines Lebens.

Ja, ich bin wahrhaft reich, darf ich doch teilhaben an der überbordenden Fülle Deiner Schöpfung und Gnade.

Gute Freunde auch in Krisenzeiten, Schutzengel und kompetente Ärzte bei Todesgefahr - in Deiner Hand gelingen Lebenswenden.

Haben andere auch höhere Kontostände, mein Einkommen reicht für ein gutes „täglich Brot", gelegentlich auch eine Reise, ein Geschenk an und ein Fest mit Freunden.

In Deiner Gnade durfte ich lernen, dass Alleinsein nicht nur den Fluch der Einsamkeit umfasst, sondern auch die Gunst des All-Eins-Sein.

Du schenktest mir ein gewaltiges Vermögen - nicht Geld, aber Fertigkeiten und Fähigkeiten, um mit ihnen zu wirken. Hilf mir, in all meinen Fehlern und Schwächen dieses Vermögen zur Freude und Nutzen der Menschen und zum weiteren Reifen dieser Welt einzubringen.

Damit Dein Reich komme - dann reicht´s. Amen

Spiritualität

Spiritualität beweist sich nicht durch die Menge gesprochener Gebetstexte, der Teilnahme an Andachten oder der Beherrschung ritueller Gestik. Spirituell ist der Mensch, der das alltägliche Leben in seiner Fülle, Komplexität, Faszination und Gebrochenheit im Glauben an göttliche Existenz und Wirksamkeit annimmt und reflektiert.

Frag würdig!

Wie oft stellen wir uns <u>eine</u> Frage, um sie selbst umgehend aus eigenen Erfahrungen und Assoziationen zu beantworten.

Stellen wir uns <u>einer</u> Frage, liefern wir uns auf nicht kalkulierbare Zeit der Unsicherheit einer Nicht-Antwort aus.

Eine existenzielle Verunsicherung und Erschütterung wird möglich, können wir die Antwort nicht aus eigener Kraft rational entwickeln.

Ein Wagnis wird es, suchen wir die Lösung im spirituellen Hin-Hören, im göttlichen Ge-Horsam zu entdecken.

Lebenshilfen

Was sind Sakramente anderes als göttliche Geschenke, uns Menschen als Hilfe für ein gelingendes Leben gegeben.

So ist die Entfaltung des Sakramentes auch in die Mitverantwortung der Gemeinde als Gemeinschaft der Gläubigen gelegt.

Taufe, Erstkommunion, Firmung, Eheschließung–Ereignisse, die aus gutem Grund gefeiert werden. Doch als moderne Events haben sich die rituellen Feiern der Sakramente kulturell verselbständigt, der inhaltliche Kern trat in den Hintergrund.

Wir können dazu beitragen, die Sakramente besser zu verstehen, sie bewusster anzunehmen und entsprechend zu feiern.

Legt die Steine fort!

Eine alltägliche Geschichte aus Jederzeit und Überall. Und immer wieder so grundsätzlich, dass die Standardantworten versagen.

Agatha steckt in einem Dilemma, es geht an die Wurzeln ihres Lebens. In jahrzehntelanger Ehe ist die geglaubte Liebe im ehelichen Schweigen zerrieben. Kirchliches Eheversprechen und die Kinder hielten die Familie zusammen. Die Kinder sind nun erwachsen, führen ihr eigenes Leben. Zurück blieb sprachloses Beieinander in routiniertem Alltag.

Bis Agatha neue Liebe erkannte, zu einem Mann, den sie bislang nur als Freund angesehen hatte. Ihre Gefühle fuhren Achterbahn. Irgendwann sprach auch er von seiner Liebe zu ihr. Nun ist das Dilemma perfekt.

„Es darf nicht sein. Wir müssen aufhören, bevor wir etwas beginnen. Ich kann die Familie nicht zerstören.", bittet sie um Distanz – den Mann, nach dem sie sich sehnt. Ihren Ehemann will sie nicht betrügen. Sie steht zum seinerzeit gegebenen Versprechen. Heimlichkeiten sind ihr zuwider.

Den offenen Bruch scheut sie noch. Nicht allein wegen der unkalkulierbaren Zukunft, sondern auch der vielen Mitmenschen, die in traditionell geglaubter Kirchlichkeit den ersten Stein griffbereit halten.

Konsequentes Gottvertrauen

Beim österlichen Spazieren am fast menschenleeren Strand sinne ich dem nach, der Grund und Anlass ist für dieses Fest. Was fasziniert selbst Kirchenferne und Nicht-Glaubende an diesem Jesus von Nazareth?

Es muss etwas tief Menschliches sein, nicht das hochtheologische Drumherum.

Ein roter Faden im Leben dieses Jesus ist sein radikales (verwurzeltes) Vertrauen in Gott. Einem Gott, dem er mit dem Respekt des liebenden Sohnes begegnet. Sein Umgang mit den Menschen richtet sich ungefiltert aus an dem, was für ihn das Reich Gottes ist. Unverständnis, Widerstand und Gegnerschaft der Zeitgenossen sind ihm kein Grund, den Maßstab Gottes abzulegen.

Diesen Maßstab Gottes verdichtet er im VATER UNSER, welches wie kein zweites Gebet die Erinnerung an ihn wachhält und die Gläubigen in tiefer Ökumene zusammenführen kann.

In dieser Welt zu leben nach den Regeln göttlicher Liebe, bringt jederzeit den Konflikt mit jenen Zeitgenossen hervor, die nach anderen Regeln leben. Wer mit ökonomischer, militärischer oder ritueller Macht Herrschaft über seine Mitmenschen gewinnen und ausüben will, wird Gotteskinder wie den Nazarener ausschalten müssen.

Jesus wusste, dass er auf tödlichem Konfliktkurs war. Doch vertraute er darauf, dass Gott größer ist als der Tod, dass das menschliche Sterben nicht das Ende des Lebens ist. So durchlitt und durchstarb er seine Passion im konsequenten Gottvertrauen. Ein absolut treuer Sohn des väterlich verstandenen Gottes.

Und dieser Gott bestätigt und besiegelt dieses Vertrauen. Er erweckt den Gekreuzigten zu neuem Leben. Das menschliche Sterben ist nicht das Ende des Lebens. Endgültig bezeugt er den Jesus von Nazareth als seinen Sohn - dessen Lebensweise als den Weg des Heils.

Jesus selbst lud dazu ein, seinem Beispiel folgend die einem Jeden eigene Kindschaft Gottes ernst zu nehmen und das eigene Leben am „Willen des Vaters" auszurichten.

Mit dem VATER UNSER schenkte er uns eine Essenz seines gottvertrauenden Lebens. Je mehr wir Gläubigen Tag für Tag nur etwas von dieser Essenz in den Lebensalltag geben, wird diese Welt humaner.

Ungezählte Menschen wirken so als Sauerteig in der menschlichen Geschichte, die dadurch nicht völlig in die Unmenschlichkeit entgleist. Menschen in allen Zeiten, Kulturen und Religionen, die, vielleicht ohne es selbst zu wissen, den „Willen des Vaters" tun und zum sozialen Kitt menschlicher Gesellschaft werden.

Mit Anerkennung und Bestätigung ist dabei nicht zu rechnen – jeder nehme sein Kreuz auf sich. Zumeist posthum – in reuiger gesellschaftlicher Besinnung – wird der Wert gottvertrauender Menschen erkannt:

> Dietrich Bonhoeffer, Maximilian Kolbe,
>
> Mahatma Ghandi, Marcel Callo,
>
> Dag Hamerskjöld, Teilhard de Chardin,
>
> Johannes Kleinhappl,
>
> Leopold Kohr …

Pilgern für Demokratie?

Aus dem Projekttagebuch zum Demokratiepilgerweg 2009

Diese Frage wurde mir zum ersten Pilgerweg 2007 ständig gestellt.

Mal interessiert, mal aggressiv – schließlich sei die Demokratie keine christliche und erst recht keine kirchliche Veranstaltung.

Pilgern ist keine dem Christentum vorbehaltene Form. In nahezu allen Religionen und Kulturen gibt es Varianten, in denen sich Menschen auf einen „spirituellen Weg" machen.

Als Initiation in den Stamm oder die Welt der Erwachsenen; als bedächtige, bedenkende Reise zu einem spirituellen Ort oder Ereignis; als Weg zur inneren Einkehr ist pilgern ein Hingehen zu mehr Besinnlichkeit, Etappen zur Besonnenheit. Wenn „Demokratie" über die reine Delegations- und Abstimmungsarchitektur hinausgeht, wenn sie wurzelt im Menschenbild und ethischen Grundwerten, so ist ihr auch eine spirituelle Komponente eigen.

Im Marktgeschrei aktueller Tagespolitik kommt diese Komponente selten zum Tragen. Ihr nachzuspüren bedarf des ruhigen, unaufgeregten Gespräches.
Ein aufgeregtes Hirn ist für neue Einsichten ver-

schlossen.

Der Demokratie-Pilgerweg ist ein Weg besonnenen Dialoges mit engagierten Bürgern in den Regionen unseres Landes.

Ein Dialog, der beitragen kann, Einsichten, Erkenntnisse, politische Wünsche ins öffentliche Bewusstsein zu heben.

Pilgerwege unterscheiden sich deutlich einerseits von Ostermärschen, Demonstrations- oder Kreuzzügen; andererseits von reinen Wanderungen zur körperlichen oder touristischen Erbauung. Dieser Pilgerweg ist nicht der „große Event", findet wahrscheinlich auch nur geringe Medienbeachtung.

Doch wie viel Zeit nehmen sich politische Mandatsträger heute noch für qualifizierte Gespräche mit jenen Bürgern, die die Folgen und Lasten parlamentarischer Entscheidungen zu tragen haben? Ohne solchen Dialog dörrt Demokratie aus. Als Christ, der sich dieser Gesellschaft verantwortlich weiß, will ich mit dem Pilgerweg zu solchen Dialogen ermuntern.

Dazu freue ich mich auf viele Gespräche unterwegs und an den Tagesetappen mit Menschen, die an einer menschenwürdigen und sozial verantworteten Entwicklung unserer Gesellschaft interessiert sind.

Auf dem Weg der Wallfahrer

Aus dem Projekttagebuch zum Demokratiepilgerweg 2009

Seit der Reeser Schanze ziehe ich auf dem Wallfahrtweg nach Kevelaer. Die immer wieder gestellte Frage: „Warum Pilgerweg?" habe ich häufig beantwortet. Nun spüre ich, dass ich meine Antwort selbst noch einmal überprüfen muss.

So nehme ich statt Goch nun Kevelaer zum Etappenziel, nutze die Chance solcher Prüfung. Abendquartier in Winnekendonk, so sind es am nächsten Morgen nur wenige Kilometer in den Wallfahrtsort. Noch herrscht Morgenruhe um Basilika und Gnadenkapelle.

Erinnerungen an meinem Vater drängen sich auf. Schwerbehindert im Rollstuhl, doch mit ungebrochenem Lebenswillen, besuchte er als Wallfahrer zum wiederholten Mal diesen Ort, bevor er tags darauf einem Herzversagen erlag. Einen „gnädigen Tod" nannte es seine Ärztin, die Entwicklung seiner Krankheit hätte sehr bald seinen Lebenswillen zerbrochen. Was mögen ihm diese Wallfahrten gegeben haben?

Rollstuhlfahrer, Gehbehinderte und alte Menschen prägen auch den Pilgergottesdienst um 10:00 Uhr, routiniert in Zelebration und Predigt. Zu wem sollte ich an diesem Ort pilgern? Die Devotionalienhandlungen in der Altstadt weisen auf Maria. Doch ich bin Christ, kein Marianer. Hat auch die Verehrung der „Gottesmutter" Tradition, ist sie meinem Glauben doch eher ein Nebenaspekt.

Die Wirklichkeit Gottes umfängt mich über Zeit und Ort hinaus. Diesem Gott zu trauen hat Jesus uns eingeladen, empfohlen, aus diesem Gottvertrauen zu leben. Folgen wir dieser Einladung des Vertrauens, gehen wir in diese Nachfolge, dann hat das Folgen für unser Verhalten. Unsere Wertmaßstäbe ändern sich. Wir erleben, wie in heiligem Geist echte Humanität greift und die soziale Wirklichkeit verändert.

Dieser Wirklichkeit, dieser Wirksamkeit Gottes in unserer Welt in Begegnungen mit den Menschen bewusst nachzuspüren, das macht für mich pilgern aus.

Erinnerungen an „Heilige" und Gotteszeugen aller Zeiten und Länder weiten den Blick für diese Wirksamkeit in aller Geschichte. Respekt, Verehrung, auch Dank für geistige Impulse – aber Anbetung? Die gilt allein IHM und dem von IHM durch die Auferweckung bezeugten Christus.

Der gekreuzigte Jesus von Nazareth, den Willen des Vaters auf Erden lebend, zeigte uns, wie Menschen wahre Humanität leben können. Immer dort, wo Einzelne, Gruppen oder Gemeinschaften sich und ihr soziales Verhalten an Jesus und seinen Intentionen ausrichten, verändern sie ihre Welt.

Wo sie würdigende Geschwisterlichkeit aller Menschen leben, tragen sie die Demokratie weiter. Die Demokratie als politisch-gesellschaftliche Organisationsform freier und solidarischer Menschen – „Kein Herr über Dir, kein Knecht unter Dir" forderte einst eine hanseatische Regel. Mögen die, die ihn brauchen, ihren spirituellen Rückhalt in Heiligenverehrung, Wallfahrtsfrömmigkeit und Riten finden.

Ein Radler hält an. Ob er lesen dürfe, was da so am Pilgerkarren geschrieben stehe. Aber natürlich, das sei der Zweck der Folien. Alfred M. aus Kevelaer ist auf dem Weg zu einer Geburtstagsfeier. Ob ich wüsste, dass ich auf historisch holländischen Boden wandere? Vor etwa 300 m hätte ich mit dem Flüsschen Niers die frühere Grenze zwischen Holland und Preußen überschritten. Erst 1830 sei dieser Landstrich deutsch geworden. An der Nordwestgrenze des Gelderlandes sei zu Zeiten des 30jährigen Krieges auf katholischem Boden ein Ort gegründet worden, um die „abgefallenen Glaubensbrüder" wieder zu bekehren. Dieser Ort ist Kevelaer – Wallfahrtsort aus Kalkül?

Ich bleibe auf dem anderen Weg. Vertrauend, dass verantwortete Freiheit der Menschen Gottes Wille ist und Demokratie die dieser Freiheit entsprechende politische Organisationsform, gehe ich weiter auf dem Demokratie-Pilgerweg.

Sprechen wir pfingstisch?

Die Tagungen mit Pfarrgemeinderäten zeigen ausschnitthaft und exemplarisch die Bandbreite von Erfahrungswirklichkeiten in den Gemeinden.

In solchen Klausurtagungen traf ich als Teilnehmer auf emeritierte Professoren für theoretische Physik oder Geodäsie, den PR-Manager der Bundesregierung, den Postobersekretär, den Chefarzt für Chirurgie, die Sekretärin des Handwerksbetriebes, den medizinischen Leiter der Suchtprävention, den Kfz.-Monteur, Rechtsanwälte, Staatsanwälte, Richter, Hausfrauen ohne Berufsausbildung, Erzieherinnen, Verwaltungsangestellte, Lehrer, Studenten, Schreiner, Verkäufer, Bankangestellte und.. und... und.

Menschen mit dem selbstbewussten Auftreten eines Königstiger, andere mit dem Verhaltensmuster „scheues Reh"; und sie alle immer wieder in einer herrlich bunten Mischung. Eine jede, ein jeder von ihnen mit je eigener komplexer Entwicklung und Sozialisation, die zu sehr unterschiedlichen Wahrnehmungen, Erfahrungsbildern und Sprachmustern führen.

In welchen Sprachen reden wir mit ihnen, die wir in Bildung oder Pastoral tätig sind?

Da war dieser junge Kaplan. Einige Wochen nach dem Tod meiner Frau bat er um ein Gespräch. Am kommenden Sonntag habe er jene Messe zu lesen, die ich zum Sechs-Wochen-Seelenamt bestellt hatte. Die sehr hohe Zahl der Trauergäste beim Begräbnis ließ ihn vermuten, auch am folgenden Sonntag würde eine große Anzahl Gemeindefremder den Gottesdienst besuchen. Um etwas über uns, unser Tun und Wirken zu erfahren, erbat er dieses Gespräch. Ich lud ihn ein zu Kaffee und Plauderei.

In dessen Verlauf sprach der Kaplan an, er entfalte in diesen Wochen das Thema „Brot" in seinen Predigten; unser berufliches wie privates Engagement passe gut zu den Bildern von „Brot brechen und teilen". Im Kern zustimmend wies ich darauf hin, dass Helga ihn an dieser Stelle sicherlich noch auf die verschiedenen Brotarten vom westfälischem Schwarzbrot, Eifler Landbrot oder pappigen Milchbrötchen, deren Nährwerte und Verdaulichkeit hingewiesen hätte.

Die Predigt am nächsten Morgen war ausgefeilt und theologisch sicherlich nicht zu beanstanden.

Dennoch hatte ich den Eindruck (und war damit nicht allein, wie sich nach der Messe zeigte), als schwebten die Worte im pastoralen Duktus und Singsang im Kirchenraum umher, ohne uns zu erreichen. Allein an einer Stelle war es anders. Als der Prediger vom Ambo aus mich direkt ansprach, meine Anmerkungen zu den verschiedenen Brotsorten zitierte, wurde seine Sprache konkret, sein Sprachstil erdiger, alltäglicher.

Später dankte ich ihm für Gottesdienst und Predigt, schilderte auch meine Eindrücke zum

Sprachstil. Seine Sprache, so seine Antwort, sei halt Ausdruck seiner Spiritualität und an die müsse sich die Gemeinde gewöhnen.

Wie viele Gemeinden, wie viele gottsuchende Menschen haben sich daran gewöhnt, dass die Spiritualität ihrer Hirten sie nicht erreicht und ihren Lebensalltag nicht befruchtet? Wie oft wird der Gottesdienstbesuch dann zur rituell-kulturellen Erbauungsstunde - ohne vitalen Bezug zum eigenen Leben und die das Leben beherrschenden Existenzfragen?

Wie viele Gläubige verzichten bereits auf das, was sie als „Sermon" empfinden?

Wir hören Gottes Wort in unserer Sprache, nehmen seine Wirklichkeit in unseren Erfahrungsbildern wahr. Doch warum sollen unsere Begriffe, unser Sprachstil, unsere Bilder auch die unserer Nachbarn sein?

Erst wenn wir uns bemühen, zu den ganz unterschiedlichen Erfahrungsrahmen zu finden, können wir in je eigener Sprache und doch miteinander Gott preisen und den Glauben leben.

Lernen wir pfingstisch– um Gottes und der Menschen willen.

Zur Ehre Gottes dem Menschen dienen

Glaubensgemeinschaft

Die Gemeinschaft der Glaubenden ist das stets aktuelle Geschenk heiligen Geistes an die Menschen, die sich in Gottes Gnade getragen erleben. In der Liebe Gottes als Volk Gottes sind sie frei, überschreiten Strukturen, Gesetze und Kirchenformen.

Kirche ist das Geschenk des Volkes Gottes an die Menschheit, um von der Liebe und Freiheit zu künden, der Freiheit aller Menschen fördernd zu dienen.

So befindet sich die Kirche in einem ewigen Dilemma. Wirklich freie Christen brauchen zwar die Gemeinschaft Mitgläubiger, jedoch nicht eine organisierte Amtskirche. Menschen, die diese Freiheit noch nicht erlangt haben, suchen nach klarer z. T. strenger Führung. Die von ihnen gesuchte Führung finden sie eher in Sekten und streng organisierten Gemeinschaften. Darum wenden sie Volkskirchen den Rücken zu.

Dieses Dilemma könnte die Kirche für sich auflösen, indem sie sich eindeutig für die Freiheit des Christenmenschen ausspricht und sich als Begleiter der Menschen in diese Freiheit hinein erweist.

Eine jesuitische Öffnung

Eine Kirche, die Versöhnung predigt, wird umso glaubhafter, wenn sie selbst beide Seiten der Versöhnung pflegt:

- Fehler, Missgriffe und Sünden Anderer verzeiht und Neuanfänge zulässt
- aber auch eigene Fehler und begangenes Unrecht eingesteht und um Versöhnung mit den Opfern sucht.

Der Österreicher Alois Perner lenkte in Briefen an den Bischof von Innsbruck, den Dekan der theologischen Fakultät der Uni Innsbruck und den Provinzial der Jesuiten in Österreich die Aufmerksamkeit auf den exemplarischen Fall des Prof. DDr. Johannes Kleinhappl SJ.

„Ich glaube jedenfalls fest daran;" schrieb Perner, „dass die Kirche unserer Zeit den kairós wahrnehmen sollte, solche öffentlichen Zeichen der Versöhnung mit der Vergangenheit und zugleich des Vertrauens in die Zukunft zu setzen. Die Menschen warten darauf, dass auch die Institutionen der Kirche durch ihre Amtsträger konkrete Zeichen der Umkehr, des Umdenkens - in vieler Hinsicht - setzen."

Den 30. Todestag Kleinhappls nutzen die österreichischen Jesuiten nun, ihren früheren Mitbruder mit einem Gedenk-Symposium am 23.10.2009 in Wien dem seinerzeit verordneten Vergessen zu entreißen. Dabei brachten sie den Mut auf, eigenes

Versagen deutlich zu benennen und das Opfer der Ordenspolitik zu rehabilitieren.

Wie sehr das vom Orden seinerzeit verfügte Vergessen wirksam wurde, belegten die eingeladenen Referenten. Der Sozialphilosoph Prof. Johannes Heinrichs bekannte, dass er in den 1970er Jahren als Lehrstuhlinhaber an der Jesuitenhochschule St. Georgen, Frankfurt/Main, von seinem Ordensbruder und Professorenkollegen Kleinhappl nichts wusste. Erst 1995 wurde er auf den inzwischen veröffentlichten wissenschaftlichen Nachlass Kleinhappls aufmerksam gemacht.

„Bereits beim flüchtigen Durchblättern hatte ich das Gefühl von Sensation, und dieser Eindruck steigerte sich bei der Lektüre", berichtete Heinrichs. Ihn, den durch seinen (freiwilligen) Ordens- und späteren Kirchenaustritt in Missfallen geratenen Ex-Jesuiten, hatten die Veranstalter als weiteres Versöhnungszeichen zum Hauptreferat gebeten.

Auch Prof. Wolfgang Palaver wusste nach eigenem Bekunden bis zur Einladung zum Symposium nicht mehr, als dass ein Prof. Kleinhappl ehedem als einer seiner Vorgänger an der Innsbrucker Fakultät lehrte.

Am Ende der Veranstaltung wies der Provinzial P. Gernot Wisser SJ ausdrücklich darauf hin, dass dieses Symposium allein nicht zur Rehabilitierung des geächteten Mitbruders reiche.

Entscheidend sei die Bereitschaft, dessen wissenschaftliches Erbe für die aktuellen Diskussionen um soziale und wirtschaftliche Ordnungen auszuarbeiten und zu nutzen.

Prof. Johannes Kleinhappl Nachlass in Essays, Analysen und Fragmenten ist nicht nur umfangreich (5 Studienbände), sondern eine Fundgrube für eine zukunftsweisende Sozialethik.

Dabei hilft seine klare Sprache: tief durchdachte, schnörkellose Begriffe geben Orientierung im Tohuwabohu pseudoethischer Sprechblasen.

Während sich sein Mitbruder von Nell-Breuning als Jurist und Volkswirt der geschichtlichen Realität des Kapitalismus beugt, lässt der Moraltheologe Kleinhappl die Macht des Faktischen hinter sich, um nach dem grundlegenden Dürfen und Sollen im sozialen Miteinander der Menschen zu fragen.

Erst langsam schält sich heraus, welche Chancen der Jesuitenorden verworfen hat, als er den Innsbrucker Ordinarius mobbte, statt den wissenschaftlichen Disput zwischen den Gelehrten zu fördern.

Zwischen Machen und Werden

Arbeit mit Menschen ist anders als die mit technischen Instrumenten und Geräten von einer unlös-
baren Spannung getragen. Effizienz und kontrol-
lierbares Ergebnis der eigenen Tätigkeit wird direkt
durch das Verhalten der Menschen beeinflusst, die
zur Zielgruppe dieser Tätigkeit zählen.
Diese Grunderfahrung bildet ein permanentes Stör-
feld für alle Versuche und Ansätze, Maßstäbe tech-
nischer Effizienz- und Qualitätskontrolle auf die
Felder sozialer Arbeit zu übertragen.
Abläufe sicher und überraschungsfrei zu steuern,
gilt seit René Descartes als Ausweis moderner
Handlungskompetenz. Planvolles Tun mit vorher-
sehbarer, gewollter Wirkung ist Ausweis moderner
beruflicher Kompetenz. Als „Sicher" erweist sich
das durch und durch Verstandene, so dass sich nun
präzise Weisungen ergeben können. Bei Maschinen,
Apparaten, Geräten und allem Gemachten hat dieses System „ausführlicher Betriebsanleitungen" zu
einer ungeahnten industriellen Perfektion geführt.
Als latente und potentielle Störfaktoren in diesem
System werden allerdings jene Elemente erfahren,
die in ihrem innersten nicht gemacht, sondern „geworden" sind, die sich „werdend" entwickeln, so-
lang sie existieren – und Menschen sind nun einmal
so!
Höchste Anstrengungen werden unternommen, um
diese leb-haften, natur-gebundenen Elemente so zu

verstehen, dass die Anweisungen entsprechend präziser und effizienter erteilt werden können. Ausgefeilte Handlungsanweisungen und differenzierte Kontrollsysteme sollen die potentiellen Fehlerquellen ausmerzen und die jeweils erreichte Qualität sichern.

Was sich von einer abgehobenen Metaebene in Politik, Verwaltung oder Unternehmensführung als logischer Weg zur sicheren Zielerreichung darstellen mag, führt an den Nahtstellen von Gemachtem und Gewordenen immer häufiger zu Konflikten. Die Mechanismen des Gemachten verengen den Bewegungsspielraum des Lebendigen. Entweder lähmt Regelungsfuror die Eigeninitiative oder aber personale Kompetenz ignoriert und unterläuft Handlungsvorschriften. „Dienst nach Vorschrift" erweist sich als erprobtes Arbeitskampfmittel.

Als größte Störquelle im von Menschen gemachten Konzept garantierter, qualitätssicherer Weltgestaltung erweist sich der Mensch selbst. Ist er doch selbst nicht „Gemacht", sondern „Geworden" und „Werdender während der gesamten Existenz".

Dieser Widerspruch zur Machbarkeits-Phantasie tritt nirgends so deutlich hervor wie in den Diensten und Einrichtungen der Kranken- und Altenpflege. Die Realität des Todes lässt sich nicht mehr leugnen. Der Zwang, sich dieser Realität zu stellen wird existentiell. Tod als Grenze allen Lebens oder als Begrenzung des irdischen Lebens und Schwelle eines neuen unbekannten Seins?

An dieser Nahtstelle bröckelt die Tünche der Lebensplanung und grundlegende Frage verlangt Antwort: Ist der Tod, wie Francesco Petrarca es sieht, ein lebensverneinendes Prinzip, das die Würde des Menschen bedroht? Ist er ein unzumutbarer Skandal, der seine Bekämpfung herausfordert oder ist er doch die unbekannte, andere Seite des Lebens? Eines vom Schöpfergott geschenkten Lebens, welches auch über den Tod hinaus währt und in seiner Hand ist.

Je deutlicher die Gott-vertrauende Einsicht greift, umso größer werden Vorbehalte und Skepsis gegenüber einer aus Machbarkeitsglauben resultierenden Regelungsfülle. Umgekehrt erfahren Anhänger und Vertreter des Machbarkeitsglaubens gelebtes Gott-Vertrauen als zentralen Angriff auf ihre Planungs- und Kontrollkompetenz und reagieren i. d. R. mit noch differenzierteren Regelungsanforderungen – „und den lieben Gott lasst bitte einen guten Mann sein".

Die Widersprüche verschärfen sich und führen im Arbeitsvollzug zu einem Spagat zwischen „Erfüllung gesetzlich-formaler Anforderungen" und „Konsequenzen aus dem Leitbild".
Da die gesetzlich-formalen Anforderungen zumeist direkt mit der wirtschaftlichen Grundsicherung des Dienstes verknüpft sind, wird dieser Spagat zur Existenz bedrohenden Falle. Die einzelne Einrichtung kann diesen Spagat nicht aufheben. Auf welche Seite sollte sie sich schlagen?

Hier die Zurücknahme des die Menschen-Würde begründenden Gott-Vertrauens, Leben wird reduziert auf die biologische Lebensspanne, Pflege auf die effiziente Sicherung dieser biologischen Existenz eingegrenzt; dort um der Menschen willen Missachtung übertrieben anmutender Vorschriften, um Zeit-Ressourcen zur umfassenden Pflege der ihnen anvertrauten Personen zu gewinnen unter Verlustgefahr des Arbeitsplatzes und damit der wirtschaftlichen Existenzgrundlage.

Der Konflikt ist offensiv anzugehen, auf der Ebene der Einrichtungen aber ist er vor allem *durchzustehen*.
Möglich wird dies nur im engagierten Konsens aller an der Entwicklung der Einrichtung interessierten Kräfte: Träger, Leitung, sämtliche Mitarbeiter aber auch Bewohner, Besucher und Freunde der Häuser sind zu ihren je spezifischen Beiträgen gefordert.
Dabei obliegt dem Träger vor allem der Part, den Konflikt in die gesellschaftliche und politische Debatte zu überführen, Leitungen und Mitarbeitern die für deren Arbeit notwendige Rückendeckung zu geben.

Leitungen und Mitarbeiter haben diesen Spagat existentieller Ansprüche im Kern auszuhalten und im Interesse der Bewohner zu gestalten. Dabei fällt den Leitungen die undankbare Aufgabe zu, die Alltagskonsequenzen aus beiden Anforderungsseiten situationsgerecht auszuloten, Mitarbeiter zu stützen, sie zu fördern und gleichzeitig die Sachvorgaben zu bedienen.

Immer häufiger haben leitende Mitarbeiter Ausbildungen durchlaufen, die an den Paradigmen der Machbarkeit orientiert sind.

Sie erfahren am eigenen Leib die Konflikte und Widersprüche zwischen tradiertem Berufsverständnis und den selbst bejahten Leitbildkonsequenzen.

Um ihrer Aufgabe als „örtliche Konfliktmanager" gerecht zu werden, reicht es nicht, die Symptome des ethischen Konfliktes zu erkennen. Sie sollten auch um die geschichtlichen und philosophischen Wurzeln wissen. Denn aus diesen Wurzeln nimmt der Konflikt ungemindert seine Kraft.

Mitarbeiter und Mitarbeiterinnen sind oftmals bereits durch die Ableistung des formal verlangten Arbeitspensums voll ausgelastet. In der Art und Weise, **wie** sie ihren Dienst leisten, teilen sie Bewohnern, Besuchern und Kollegen ihre Würde mit. Die fachliche Information und Fortbildung ist gezielt um die Anerkennung der eigenen Kompetenzen zu erweitern.

Ernst gemeintes, unaufdringliches Lob und Akzeptanz der eigenen Kompetenz nähren die alltäglichen Kraftanstrengungen, wecken neue Motivationen und fördern eigenwillige neue Ideen zutage. Mitarbeiterbesprechungen, interne Fortbildungen wie auch das kollegiale Miteinander sind als gemeinsames Lernfeld zur Bewältigung der sich widersprechenden Anforderungen zu gestalten.

Dazu ist sicher zu stellen, dass die für die Fortbildungen zuständigen Mitarbeiter ausreichend in den Moderationsmethoden geschult sind.

„Nicht gemacht, sondern geworden und werdend bis ans Lebensende" - Wer könnte diesem Anspruch mehr beisteuern als Menschen, die über Erfahrungen eines langen Lebens zu berichten bereit sind?
Könnten nicht Bewohner und Besucher eingeladen werden, je nach ihrer Leistungsfähigkeit ihre Erfahrungen und Ansichten zur aktuellen oder vergangenen Zeitgeschichte, ihre kreativen Ideen und Phantasien oder auch ihre Zukunfts- oder Todeserwartungen mitzuteilen?
Besucher der Bewohner und Freunde des Hauses könnten in offenen Dialogen beitragen, das herrschende Paradigma von der garantierten und gesicherten Machbarkeit in Frage zu stellen.

Die Hoffnung stirbt zuletzt

Sozialverbände haben gute Tradition der Selbsthilfe.

Sozialverbände haben gute Tradition als politisch-soziale Interessenvertretung.

Sozialverbände haben seit langem Probleme der Überalterung in der Mitgliederstruktur.

Sozialverbände haben Zukunft, dort wo sie sich tatkräftig für Gerechtigkeit und Solidarität einsetzen. Hilfen für die Armen der Gesellschaft haben Wert und Sinn, sind sie eingebunden in das Engagement zur Behebung der Armutsursachen. Almosen als praktizierte Liebe zum Menschen unterliegen immer noch dem Sittengesetz, nach dem Liebesgaben nicht ersetzen können, was der Gerechtigkeit geschuldet ist (GES 27[1]). Solidarische Liebe als „Krone des Mitmenschlichen" ist dann richtig platziert, wenn sie von der Gerechtigkeit als „Königin der Menschlichkeit" getragen wird.

Für Sozialverbände, die sich der katholischen Soziallehre verpflichtet wissen, sollte deren Grundanliegen als Maßstab gelten: die Überwindung des Proletariats und der Aufbau einer Gesellschaft in Solidarität und Gerechtigkeit.

---

[1] Pastoralkonstitution „Gaudium et spes", deutsch „Kirche in der Welt von heute" Abschnitt 27

Seit der Kapitalismus wieder frei von der ideologischen Gegenmacht des Sozialismus entfesselt agiert, zerplatzen die Träume von der gelungenen Entproletarisierung. Fernsehen, regelmäßiger Urlaub, Wohnungseigentum und tarifliche Arbeitsverträge täuschten allzu lang eine erfolgreiche Sozialpartnerschaft vor.

Heute erkennen wir, dass Deutschland wirtschaftlich zu den bestimmenden Ländern gehört, international mit zu den gestaltenden Kräften globalisierter Wirtschaft zählt und unsere Regierungen über EU, G8, Weltwährungsfond und Weltbank die Rahmenbedingungen wirtschaftlichen Agierens politisch gestalten.

Eine „Erfolgsgeschichte" mit Schattenseiten. Denn zugleich wächst die Zahl der armen und verarmten Bürger dieser Deutschland-AG. Seit über 40 Jahren fördern Massenarbeitslosigkeit und Enteignungs- und sozialwidrige Umverteilungspolitik jene Entwicklung, die heute als prekär gilt. Die dadurch Belasteten wurden zum Prekariat.

Dieser Entwicklung lässt sich nur wirksam begegnen, wenn die tieferen Ursachen endlich ins öffentliche Bewusstsein gehoben werden. Nur dann entwickeln sich in ausreichendem Maße jene demokratischen Kräfte, die die notwendige Machtverlagerung vollziehen können. Erst wenn die Wähler in ausreichender Zahl und vernünftiger Einsicht verstehen, wie die „kapitalistische Wirtschaftsweise"

Verarmung, Proletariat und Prekariat bedingt, haben politische Optionen auf eine menschengerechte Gemeinwohlökonomie eine Chance.

Der kapitalistische Profitvorbehalt pervertiert Wettbewerb und Marktwirtschaft und konzentriert unmäßige Reichtümer in den Händen Weniger.

Reichtümer, die bei solidarischem Wirtschaften ausreichten, jedem Bewohner dieser Erde ein menschenwürdiges Leben zu sichern.

Reichtümer, die dadurch entstehen, dass denen, die diese Werte schaffen, der ihnen gerechterweise zustehende Ertragsanteil vorenthalten wird.

Katholische Sozialverbände haben gute Chancen zur Meinungsführerschaft, wenn sie die kirchliche Option für die kapitalistische Wirtschaftsweise überwinden und die Vision der Verkehrsgerechtigkeit aufgreifen, die bereits Thomas von Aquin aus der Arbeitswertlehre des Aristoteles entwickelte.

Es wird ein schwerer, aber unverzichtbarer Weg sein. Er bedeutet einen Bruch mit der klassischen kirchlichen Soziallehre, die Eigentumslehre und Profitvorbehalt des Kapitalismus ausdrücklich gutheißt (QA 101[2]). Auch die einseitige Ausrichtung auf eine Soziallehre Nell-Breuning´scher Prägung ist zu erweitern um die fundierten Erkenntnisse kirchlicher Kapitalismuskritiker.

---

[2] Enzyklika Quadragesimo anno, 1931 Ziffer 101

Karl von Vogelsang, Wilhelm Hohoff, Anton Orel und zuletzt Johannes Kleinhappl sind mindestens genauso ernst zu nehmen wie der Trierer Bankierssohn, der zum Nestor der Soziallehre aufstieg.

Erleichtert werden kann dieser Weg des Umdenkens und der ideologischen Umkehr (Metanoia) durch die reflexionslogischen Einsichten des Sozialphilosophen Johannes Heinrichs, der als Professor an der Frankfurter Jesuitenhochschule selbst seinen Mitbruder und Professorenkollegen Oswald von Nell-Breuning beeindruckte und zu Selbstzweifeln anregte[3].

---

[3] siehe: J. Heinrichs, Sprung aus dem Teufelskreis, S. 171

Ziel verfehlt

Entproletarisierung forderte Rerum novarum - kamen wir diesem Ziel näher?

Als Solidar- und Schutzgemeinschaft haben Sozialverbände viel beitragen können, Belastungen und Symptome des kapitalistischen Herrschaftssystems zu lindern. Macht und Herrschaft dieses Systems konnten sie aber nicht einschränken.

Proletarierelend konnte über viele Jahre abgebaut werden. Laut Sozialstatistik beziehen erwerbsabhängige Arbeitnehmer nicht selten höhere Einkommen als jemand, der über eigene Arbeitsmittel verfügt und sich damit wirtschaftlich betätigt. Doch jenseits der Lohnabrechnung bleibt das Grundmerkmal des Proletarier erhalten: er ist unselbstständig, in seiner Arbeit von Anderen abhängig – von Jenen, die ihm aus eigenen Wirtschaftsinteressen die Arbeitsmittel zur Verfügung stellen.

Auch betriebliche Führungskräfte, die sich sicher wähnten, erfahren, wie ihnen durch Entscheidungen anonymer Arbeitsmittelbesitzer in fernen Konferenzräumen der Boden unter den Füßen weggezogen wird. Die Ohnmacht besitzloser Arbeiter und Angestellte wird wieder existentiell erlebt.

Gute Löhne und Gehälter verführten zur Annahme, dem Proletariat durch eigene Leistung entkommen zu sein. Das entscheidende Merkmal wurde übersehen oder verdrängt: die fehlende

Verfügungsgewalt über die zum Arbeitsvollzug nötigen Produktionsmitteln.

Über den Anteil der besitzlosen Arbeiter an der Erwerbsbevölkerung geben Sozialstatistiken national und international regelmäßig Auskunft. Doch es scheint, als könnten die Informationen das irrige Wunschbild nicht verdrängen.

Als 1931 die Sozialenzyklika Quadragesimo anno die Profitorientierung des kapitalistischen Systems als „in sich nicht falsch und daher nicht zu verurteilen" (QA 100-101) salonfähig machte, belegte das internationale Handwörterbuch des Gewerkschaftswesens 1932 die Anteile erwerbsabhängiger Arbeitnehmer an der Gesellschaft. Proletarier also, die kein Eigentum an Werkgut und Produktionsmitteln besaßen. Proletarier also, die nicht aus eigener Kraft ihren wirtschaftlichen Unterhalt sichern können.

	Bevölkerung in Tsd	Erwerbstätig in Tsd	Besitzlose Arbeitnehmer	
			Gesamt	Anteil
22 europäische Länder	343.129	164.599	87.239	53%
davon				
Deutschland	62.411	32.009	21.033	66%
Österreich	6.100	3.200	2.000	63%
USA	105.000	41.614	30.500	73%
Zitiert nach: Johannes Kleinhappl, Christliche Wirtschaftsethik Bd. 1, S. 112f (Daten von 1932)				

Einige Wohlstandsjahre verdrängten Armut in weiten Bevölkerungskreisen, verschleierten dabei die Lage jener Menschen ohne eigene Produktion- und Arbeitsmittel, die in ihrer wirtschaftlichen Existenz abhängig vom so genannten „Arbeitgeber" sind.

„Proletariat" und „Pauperismus" gingen im neuen Modewort „Prekariat" unter, ohne dass sich die Lage der Arbeiter im Kern bessert.

Intensive Beratungen führten zwar zu Konzepten von Unternehmensverfassung, laboristischer Ordnung, zukunftsweisenden Rentenmodellen oder Grundeinkommen.

Politisch wirksam aber wurden die Agenda 2010, Sozialabbau und diverse Politikprogramme, die das Wort „Reform" dauerhaft in Verruf brachten.

Die richtigen Fragen stellen

Jean-Marie Kardinal Lustiger wies 1984 als Erzbischof von Paris in einem Vortrag darauf hin, die Krise der westlichen Zivilisation sei eine Krise des abendländischen Christentums. Allein „glaubende Menschen" hätten die Kraft, diese Krise zu meistern. Nicht weil sie die richtigen Antworten hätten, sondern weil sie fähig zu den richtigen Fragen seien.

Stellen wir also Fragen *zum ethischen Rahmen des Wirtschaftens*

Seit Papst Benedikt XIV. 1745 seine Enzyklika „Vix pervenit" zur Zinsfrage veröffentlichte, haben sich theologische Forschung und Lehre stark entwickelt. Neue Einsichten veränderten die Einstellungen zu „weltlichen" Gegebenheiten. Die Entwicklung der Einsichten aber sollte nachvollziehbar sein und für die kritische Reflexion offen bleiben. Die in kirchlicher Lehre, Lehramt und Kirchenrecht vollzogene Wende in der Zinsbewertung drängt auf Anfragen zur theologischen Begründung.

Wirtschaftssystem?

Aus welchen theologischen Gründen ist ein Wirtschaftssystem, welches Menschen verdingt, verdinglicht und die Bewirtschaftung von Menschen durch Mitmenschen als Grundlage bestimmt, als „in sich nicht schlecht" zu bewerten und daher „als solches nicht zu verdammen" – wie es in QA 100-101 heißt?

Zins?
Aus welchen Gründen ist es theologisch gerechtfertigt, jene Lehre zu unterstützen, nach der Totes (Dingliches) Lebendiges als Selbstvermehrung gebiert (Usura)?

Vertrags-Gerechtigkeit?
Welche theologischen Erkenntnisse überwinden die Lehre des Thomas von Aquin, nach der vertragliche Leistung und Gegenleistung in gerechter Balance stehen müssen, niemand mehr aus einem Vertrag nehmen darf als er auch einbringt?

Wirtschaftsfaktoren?
Wertschaffend im wirtschaftlichen Prozess ist allein menschliches Handeln (facere) unter Nutzung von Produktionsmitteln. So lehrt Thomas von Aquin. Die lehramtlichen Weisungen orientieren sich dagegen an der volkswirtschaftlichen Dogmatik, nach der menschliches Arbeiten als „die Arbeit" versachlicht wird und handlungsunfähige Dinge wie „Boden" und „Kapital" zu Faktoren erhoben werden. In welchen theologischen Erkenntnissen ist dieser Wechsel der Arbeitswertlehre begründet?

Kulturkampf/Religionskampf?
Welche Hilfestellungen dürfen Christen von den Kirchenleitungen erwarten im anstehenden beständigen Kulturkampf zwischen Moneytheismus und Monotheismus?

Koexistenz?

Woran sollen sich die Christen einzeln, in den Gemeinden oder Verbänden orientieren, wenn der Eindruck entsteht, die Hirten hätten mit den Wölfen die friedliche Koexistenz vereinbart?

Ein fester Punkt

„Einige wenige Terroristen heben die Welt aus den Angeln."
In Zeiten akuten Terrordrucks höre ich diese und ähnliche Aussagen sehr oft.

Die Welt aus den Angeln heben! - Der Wunschtraum eines jeden Revolutionärs und Pioniers, gleich ob in Politik, Kultur oder Technik.
Der antike Archimedes suchte für die physikalische Welt einen festen Punkt -einen Πσυ στο - um sie aus den Angeln zu heben.
Aber ist es denn noch notwendig, unsere Welt <u>aus</u> den Angeln zu heben? – Sie ist es doch längst
-    Massenarbeitslosigkeit, Wachstum im Prekariat
-    Bankenkrise, Bankenrettung per Finanzdiktatur
-    Menschenrechtsverletzung
-    Zunehmender Zentralismus in Kirche und Staat
-    Hunger, soziales Elend
-    Sinnverlust
Und ...und ...und ...
Heute gilt es, die Welt wieder *in* die Angeln zu heben.
In die Angeln sozialer Gerechtigkeit und Liebe,
in die Angeln der Achtung vor dem Menschen,
in die Angeln der engagierten Freiheit.
Die Aufgabe ist schwer, aber nicht zu schwer für uns.

Wir brauchen den richtigen Pou sto, den festen Punkt.

- Dann können wir auch Unmögliches erledigen.
- Dann kann Petrus übers Wasser laufen.
- Dann können Petrus und Johannes einen Lahmen heilen.
- Dann kann Franziskus die Kirche vor dem Zusammenbruch retten.
- Dann kann Marcel Callo freiwillig in den NS-Arbeitsdienst gehen.
- Dann, wenn der Glaube an Christus unser fester Punkt ist.
- Dann, wenn wir Mut und Courage haben, uns auf diesen festen Punkt zu verlassen.
- Dann, wenn wir jedem Menschen im heiligen Geist begegnen.
- Dann heben wir die Welt wieder _in_ die Angeln.

Die Terroristen sind wenige, einige tausend vielleicht. Sie werden zum Schrecken der Welt.
Christen sind viele, Milliarden bekennen sich dazu.
Wir könnten zur Hoffnung der Welt werden.

Ungeeignet für Demokratie?

Ein harter Vorwurf. Dass er nicht neu ist, nimmt ihm nicht die Schärfe: „Katholiken sind ungeeignet zur Demokratie! - entweder bist Du Katholik oder Demokrat - als Demokrat würdest Du konsequent die katholische Kirche verlassen. Du bist noch Katholik, also ist Dein Reden von Demokratie pures Geschwätz!" Als Katholik erlebe ich derartige Kritik als verständliche Reaktion auf Gesinnung, Äußerungen und Agieren führender Kleriker.

Tief ist die Verletzung zu spüren, die die Führung der katholischen Kirche in ihrer barschen Ablehnung liberaler Modernismen den Freiheit fordernden Menschen des 19. und 20. Jahrhunderts zufügte.

In prominenter Weise zeigt sich derartige Verletzung bei dem französischen Publizisten Alfred Grosser, der bei einem Vortrag seine Erfahrung vom Weltjugendtag in Paris berichtete. Dort habe Papst Johannes Paul II. in einer Ansprache erklärt, die Ideale der französischen Revolution seien seit jeher auch die Ideale der Christen. Von den weiteren Ausführungen habe er, Grosser, nichts mehr verstanden. Er habe nur noch das Poltern gehört, mit dem sich Papst Pius IX. im Grabe umdrehe. Dieser von Johannes Paul II. selig gesprochene Papst hatte in seinem Syllabus 80 „Irrtümer" verworfen. Die dialogfeindliche Verurteilung dieser „Irrtümer" war schon zur Zeit der Veröffentlichung in der Kirche methodisch umstritten. Wie viel Flurschaden sie in der Frühphase demokratischer Entwicklungen angerichtet hat, werden wir zur Gänze wohl nicht mehr ermessen können.

Noch heute unterscheiden katholische Kirchenfürsten akkurat zwischen demokratisch verfassten Gesellschaften und der hierarchisch geordneten, vom Klerus geführten Kirche. In päpstlichen Schreiben wird von katholischen Parlamentariern verlangt, sich in der Ausübung ihres Mandates an die Weisungen des Lehramtes zu halten. (Wo blieben derartige Ermahnungen gegen katholische Herrscher wie Franco, Salazar oder Pinochet?)

Heißt demokratische Teilhabe für Christen also nur, sich als Papisten an gesellschaftlichen Prozessen zu beteiligen, um vatikanische Konzepte weltweit umzusetzen?

Haben freie bürgerliche Meinungsbildung, gewissenhafte Entscheidungen und moralische Integrität der Laien (layos = das Volk) noch immer ungenügende Akzeptanz beim Klerus?

Wie ungezählte gesellschaftlich engagierte Christen lasse ich mir persönlich keinen Mangel an demokratischer Gesinnung und Haltung vorwerfen.

Doch selbst gute Freunde fragen immer wieder, wie ich denn als überzeugter Demokrat noch in der katholischen Kirche bleiben könne. Diese Fragen erfolgen postwendend, sobald wieder einmal ein Bischof gegen den bekundeten Willen der Gemeinden seine Macht ausspielt.

Vielfach übertragen diese Kritiker das Leitbild von Gewaltenteilung, Parlamentarismus und Souveränität des Volkes auf die Glaubensgemeinschaft. Dabei übersehen sie die Spannung, die sich aus der Kirche als Stiftung Christi ergibt. Das Evangelium Jesu Christi unterliegt nicht wie ein Parteiprogramm der Beschlussfassung durch das Gottesvolk, noch dessen Repräsentanten - aber auch nicht des Klerus. Für das Volk Gottes ist Jesus von Nazareth das normsetzende Ideal, der auferstandene Christus unter uns wirkende Souverän. Er kann weder durch Mehrheitsbeschluss außer Kraft gesetzt oder einseitig durch Lehramt oder Kleriker interpretiert werden.

Akzeptierte ich diesen Souverän nicht mehr oder nähme man mir das Recht des eigenen Gewissens, wäre das Grund für meinen Austritt aus der Glaubensgemeinschaft. Haben wir aber andererseits nicht auch in der „weltlichen" Szene den Verfassungen vorgegebene Werte? Grundwerte, die der schwankenden Mehrheitsbildung und Entscheidung entzogen sind?

Liegt nicht der größere Irrtum bei den Kirchenvertretern, die aus der ideellen Souveränität Christi den konkreten Herrschaftsanspruch des Klerus ableiten?

Über lange Jahrhunderte wurde „Kirche" verstanden (und seit 1142 im Decretum gratiani auch schriftlich definiert) als der vom Papst und den Bischöfen geführte Klerus, der die Gemeinschaft der Glaubenden führt, leitet und betreut. Diese Gleichsetzung von Klerus und Kirche wurde zwar im Zweiten Vatikanum aufgehoben, doch wirkt sie weiter als geübte Praxis in Gemeinden und Bistümern.

Selbst aus dem Vatikan wurde Ostern 2006 eine Meldung verbreitet, nach der Papst Benedikt XVI. die traditionelle Fußwaschung am Gründonnerstag an Laien vornahm, um die „Verbundenheit der Kirche mit den Gläubigen"(!) zu dokumentieren. Die Praxis der Klerusherrschaft über das Gottesvolk ist mir jedoch keine logische und auch theo-logische Konsequenz aus der Souveränität Jesu Christi.
Wenn Bischöfe wie der Mainzer Kardinal Lehmann eine Neubesinnung zur „Theologie des Priestertums" empfehlen, sollte diese Neubesinnung nicht in einer klerikalen Selbstdefinition münden. Der priesterliche Dienst im und am Gottesvolk ist viel zu wichtig, um ihn allein dem Klerus zu überlassen.

Als spirituellen Begleiter und mystagogische Mentoren brauchen wir im Gottesvolk einen speziellen priesterlichen Dienst. Immer wieder gilt es, die göttliche Offenbarung und die darin enthaltene Frohe Botschaft für alle Menschen in Zeit und Raum neu auszuloten. Männern und Frauen, die sich mit ihrer ganzen Person im priesterlichen Lebensvollzug diesem Dienst widmen, gilt nicht nur mein tiefer Respekt und Dank.

Doch halte ich es für einen anmaßenden Fehlschluss, aus diesem Dienst einen Leitungs- und

Herrschaftsanspruch über Gemeinden und Kirche abzuleiten. Auch die von Bischöfen bewilligten Mitspracherechte heben diesen Fehlschluss nicht auf. Wie schnell derartige „Gunst-Erweise" dem bischöflichen Federstrich zum Opfer fallen können, erleben Gemeinden und Laienorganisationen landesweit. Der Diözesanrat Regensburg weiß ein garstig Lied davon zu singen.

Aus meinem Selbstverständnis als Christ bin ich der Überzeugung,

- alle Menschen haben Anteil an der Liebe Gottes, da ER sie nach seinen Bilde schuf
- die gesamte Schöpfung bietet Leben in Fülle für alle Geschöpfe, wenn wir die Schöpfung und deren Regeln verstehen und beachten
- die sozialen Strukturen des Lebens in Raum und Zeit gestalten sich im reflektierten zwischenmenschlichen Handeln
- die Rahmenbedingungen des sozialen Lebens sind am besten unter Beachtung der sozialen Logik zu vereinbaren, in Organisationsformen, die möglichst alle Betroffenen mitverantwortlich einbeziehen.

Weil das durch die Geschichte pilgernde Volk Gottes in bewusster Anerkennung der ideellen Souveränität Christi dennoch eine Menschengemeinschaft ist, gilt auch in der Gemeinschaft Glaubender die soziale Logik vom reflektierten zwischenmenschlichen Handeln, aus der sich Strukturen formen und wandeln. Allein synodales Miteinander wird diesem Anspruch gerecht. Dafür trete ich in meiner Kirche ein, weil ich Demokrat bin.

Aus gutem Grund bin ich Demokrat - nicht obwohl, sondern weil ich Christ bin.

Ps: Tue ich mich deshalb so schwer mit der praktizierten Christdemokratie?

Niemand will eine Bohrmaschine?

Politik ist Bohren durch dicke Bretter! Wie lange solche Binsenweisheiten ihren Dienst tun. Vertrösten sie doch über die geringen Erfolge politischen Agierens hinweg.

Bohren in dicken Brettern braucht den konzentrierten Ansatz, die beharrliche Kraftanstrengung und Druck, der den Bohrer in die Tiefe treibt.

Da es viele Löcher zu bohren gilt, teilen sich die gesellschaftlich Engagierten ihre Themen und Wirkungsfelder auf.

Arbeitsmarktpolitik, Bundeswehreinsätze, Chemiekontrolle ... bis hin zur Zinspolitik.

Umweltverbände sorgen sich um die Umweltpolitik, Sozial- und Wohlfahrtsverbände um die Sozialpolitik, Familienverbände um die Familienpolitik und so weiter – sie alle „bohren am dicken Brett". Sie freuen sich über jeden Span, den sie diesem Brett abtrotzen.

Verbissen kämpfen sie für ihre Ziele, um sich doch nur die Zähne auszubeißen. Als spürten sie nicht, dass die „dicken Bretter" ihnen hingereicht werden, damit sie sich an etwas abarbeiten können. „Hin und her geworfen als Spielball der Mächtigen", wie Pius VII. es bezeichnete, degradiert zu Marionetten in den Händen derer, die die Fäden der Macht ziehen, die Spielkreuze in der Hand halten.

Jene, die als „Bilderberger" protokollbefreit weltweit politische Grundabsprachen vereinbaren. Die die Regierenden mächtiger Länder in Davos an den Tisch der Reichen, Superreichen und Einflussreichen laden. Sie stellen immer wieder dicke Bretter zur Verfügung, an denen sich Weltverbesserer abarbeiten können.

Solange diese Weltverbesserer, die Engagierten für Gemeinwohl, Gerechtigkeit, Solidarität in einer humanen Gesellschaft sich noch mit dem Leitbild „Bohren in dicken Brettern" beruhigen und vertrösten lassen, können sie unbehelligt ihr Spiel mit der Welt spielen.

Mal wird der Demokratie etwas Raum, mal etwas Zunder gegeben. So es den eigenen Interessen dient, wird unbekümmert und rücksichtslos der „Stopp" verhängt, der Bürgerwille in den Völkern missachtet.

Ratingagenturen und anonymisierte „Märkte" triumphieren über Wahlen und Gemeinwohlinteressen. Die Frage nach den Spielregeln politischen Geschehens, die systemische Frage wird dabei sorgfältig vermieden. Dieser Frage zu folgen hieße, die Spielregeln in Frage zu stellen, neue Spielregeln einzuführen, die Gerechtigkeit und Gemeinwohl in den Vordergrund stellen.

Auf die „dicken Bretter" wirkte die Systemfrage wie eine moderne Bohrmaschine.

Um die Systemfrage zu vermeiden, schicken die „Herren und Damen der Welt" ihre Jünger, Propheten und Nebelkerzenwerfer in die Schwatzbuden sich kritisch gebender Talker, leiten die schärfste Polemik ab auf die Kabarett- und Satirebühnen.

Weder von der Empörung noch von den konstruktiven Gestaltungsalternativen der „Träumer und Gutmenschen" lassen sie sich beeindrucken und ihr politisches Spiel stören.

Da nützt es auch wenig, wenn sich die Weltverbesserer zusammentun, um in Aktionsbündnissen ihren Forderungen mehr Nachdruck zu verleihen. Für die „Sonntagsruhe", bedingungsloses Grundeinkommen, Mindestlöhne, bessere Schulen und ausreichende Kita-Plätze stellen Organisationen ihre Unterschiede in den Hintergrund und entschließen sich zum abgestimmten Engagement. Doch auch gemeinsam zerreiben sie sich im fruchtlosen Engagement, statt die Frage nach den „Spielregeln" anzugehen.

Ist diese Systemfrage, die sogenannte Meta-Ebene, noch so sehr tabu?
Oder ist sie einfach zu weit entfernt von dem, was als konkretes, fassbares Engagement erlebt wird?

Handfest muss es sein, direkt, unmittelbar. „Kunden wollen keine Bohrmaschinen", behauptete der Verkaufstrainer, „Kunden wollen Löcher".

Wenn man aber mit dem Kopf nicht durch die Wand kommt, wäre da nicht die Effizienzfrage zu stellen? Über den Einsatz einer „Bohrmaschine" nachzudenken, oder Ausschau nach gangbaren Türen zu halten?

Die Konsultationsprozesse in den Kirchen der USA, Österreichs und Deutschlands hätten der Systemfrage Auftrieb geben können. Doch alles blieb im Konjunktiv, die deutschen Bischöfe empfahlen beruhigend „das Soziale neu (zu) denken" statt „das Neue sozial zu denken".

Nun sind die Bürger eingeladen zu einem breiten Dialog „Miteinander in guter Verfassung leben" – auch engagierte Christen gehören zu den Initiatoren.
Dieser Bürgerdialog zu einer am Gemeinwohl ausgerichteten deutschen Verfassung ist ein solches Engagement auf Meta-Ebene.

Dabei geht es um die Spielregeln moderner Demokratie. Welche gesellschaftsgestaltende Kraft könnte der Bürgerdialog entfalten, brächten sich christliche Verbände ein und schlössen gesellschaftliche Aktionsbündnisse.

Eine menschenwürdige, solidarische Gesellschaft zu bilden ist nicht allein Aufgabe von Christen. Christliche Verbände und Organisationen werden allein keine wahrhaft humane Gesellschaft schaffen, das geht nur im Zusammenspiel aller gesellschaftlichen Kräfte. Lassen sich Christen allerdings am eigenen Anspruch messen, müssten sie in den vorderen Reihen aktiv sein.

Nur mal angenommen, sie beteiligten sich aktiv am Bürgerdialog, die christlichen Verbände – von Adveniat, BDKJ, Caritas … bis hin zum Zentralkomitee der deutschen Katholiken.

Welch Ermutigung könnten sie bewirken im breiten gesellschaftlichen Feld – von attac, BUND, Campact … bis hin zu den Zentralverbänden der Juden und Muslime.

Verwandtschaft

„Vater unser" lehrte Jesus zu beten. Nicht „Vater Jesu, bitte sei auch uns gnädig" – auch erklärte er ihn nicht als Vater seiner Jünger oder Apostel. Da war Jesus deutlich, sein Vater ist Vater Aller. Jeder Mensch ein Kind einzigen Gottes. Jeder Mensch Tochter Gottes, Sohn Gottes – miteinander verschwistert.

Unabhängig, wie diese Geschwisterlichkeit gelebt wird, bleibt sie unaufhebbar.

Heilige Schriften und Menschheitsgeschichte lassen keinen Raum für süßliche Harmoniephantasien. „Kain und Abel" sind ebenso wie „Esau und Jakob" oder die Brüder, von denen einer verloren schien, Teil der Familie Gottes. Diese umfasst Glaubende und Nichtglaubende, Gottesfürchtige und Gottesgegner. Hier finden sich Heilige, Unheilige und Scheinheilige, Kirchenlichter und Armleuchter.

Die Verwandtschaft kann man sich eben nicht aussuchen.

Im Wandel lebend Wandel gestalten

Ökonomische Maßstäbe von Effizienz, Rationalität und Kosten-Nutzen-Wertung haben die Grenzen klassischer Wirtschaft seit langem überschritten und finden Anwendung auf nahezu alle Lebensbereiche. Bildung, Kultur, selbst Religion werden der Ökonomie unterstellt, Gesellschaft auf die neue Herrschaft ausgerichtet.

Der Ethik widersprechende gesellschaftliche Strukturen sind auch eine Folge geschichtlicher Gewalt- und Machtverhältnisse. Mitverantwortlich sind neben den Akteuren der Macht auch die Massen der Übermächtigten, die sich in ihr Geschick ergeben. Aber auch jene, die solches geschickt als „seit jeher üblich" oder gar als „gottgegeben" begründen.

Wer „Kirche in der Welt" weniger als klerikal geführtes Unternehmen denn als „in Geschichte (sich) wandelndes Volk Gottes" begreift, wird immer wieder Wege suchen und erproben, alle Kirchenglieder aktiv an den Wandlungsprozessen zu beteiligen.

So erweist sich die akute Herausforderung an die ewige Reformfähigkeit der Kirche als erneute Chance für das gesamte Gottesvolk. Eine Chance, als in der Welt tätige Glaubensgemeinschaft die frohe Botschaft von Gottes erlösender Liebe zu leben.

Den Mächten ausgesetzt

Die Menschheitsgeschichte ist überlagert von Zeugnissen jeder Art, wie Menschen Mitmenschen unter ihre Macht zwängen, sie beherrschen und zum eigenen Vorteil benutzen und ausnutzen.

Menschliche Hab- und Machtgier fand und findet immer wieder Wege, die für jede soziale Struktur nötigen Entscheidungs- und Partizipationsformen zu korrumpieren.

Die Unterjochungsformen ändern sich, das Joch bleibt, hieße es Sklaverei, Leibeigenschaft, Knechtschaft, Proletariat oder Prekariat. Die Versorgungslage vieler Beherrschter verbesserte sich, ohne die Beherrschung zu mindern.

Sklaven, Leibeigene und Arbeiter hatten ihr Dach überm Kopf, ihre Pächterkate oder Mietwohnung. Sie erhielten Nahrung und Entlohnung, um ihre Kräfte zu erhalten. Die „guten Herren" kümmerten sich fürsorglich um Vieh, Haustiere und Gesinde. Erst als sie ihrer patriarchischen Verantwortung überdrüssig wurden und die Sicherung der Lebensgrundlagen auf die Betroffenen selbst auslagerten, mussten Lohn- und Tarifsysteme zum Schutz der „abhängigen Erwerbstätigen" entwickelt werden.

Wurde so das Joch erleichtert durch Sozialversicherungen, Tarifverträgen oder Wohnungsbauförderung, so bleibt die Abhängigkeit doch das Joch der Beherrschten.

Die wenigen Jahren generöser Verteilung des in Arbeits-Gemeinschaft Erwirtschafteten verstellten vielen den Blick und ließen sie im eigenen Häuschen, bei Fernsehunterhaltung oder Kfz-Pflege das Joch vergessen.

Hab- und Machtgier aber lassen keine Ruhe. Mögen auch Produktivität und Volkseigentum wachsen, dass es für alle reichen würde, so reicht es doch nie für die Gier der Nimmersatten. Immer wieder finden die, die schon viel haben, Vasallen, die ihnen zu Willen und Diensten sind. Engagiert bereiten sie ihren Herren den Weg zum „Mehr", sofern sie nur selbst ihren (goldenen) Schnitt dabei machen.

„Der Sklave will nicht frei sein, er will Aufseher werden." erkannte der polnische Aphoristiker Stanislaw Jerzy Lec.

Gedeckt und unterstützt von den intelligenten Vasallen betreiben die Gierigen der Reichen eine ihnen nützliche Umkehr der Werte. Nicht nur auf Orwells „Farm der Tiere" erzählen sie den Unterjochten von der betörenden Freiheit der Unfreiheit.

Aus Kolonialismus früherer Tage wird „Entwicklungszusammenarbeit", daraus entsteht globale neue Ökonomie - die klassische Doppelwende bringt neuen Schwung auf die alten Ziele. Der Juliusturm wird als moderner Turm von Babel zur Zentrale einer imperialen Finanzindustrie, hochgezogen mit faulen Kreditvergaben, bei spekulativer Statik aus Derivaten und Subprimestrategien. In internationalen Vereinbarungen wie Basel I und II ermächtigen sich die internationalen Finanzinstitute

ohne Umweg über nationale Parlamente zu Gesetz-
gebern im Finanzmarkt.

„Soziale Reformen" à la Hartz oder Agenda 2010
werden zum Befreiungsschlag von der sozialen Last
der Vermögensaneignung. Mal stützen sich die
Herrschenden auf Lanzen, Bajonette oder Raketen,
mal auf eine gewaltbetonte antike Eigentumsideo-
logie, mal auf Konglomerate von spirituellen
Angstszenarien über Gottgnadentum bis hin zum
Vorsehungsanspruch.

Zumeist ist es ein Gemenge all dieser Sphären, welches ihnen die Beherrschung und Bewirtschaftung
der Menschenmassen sichert.

Seit die Menschen sesshaft wurden in der neolithi-
schen (R)Evolution vor ca. 10.000 Jahren, hat solches Ideologiegemenge die Welt-Anschauungen
geprägt.

Dermaßen hat sie das Denken der Menschen ge-
formt, dass selbst die Zeugen der göttlichen Erlö-
sungsbotschaft von ihr geprägt wurden. So bat
zwar Paulus seinen Freund Philemon, den entlau-
fenen Sklaven Onesimos im gemeinsamen Glauben
als „geliebten Bruder" anzunehmen, das zeitgenös-
sische Sklavensystem selbst stellte Paulus nicht in
Frage.

Die Kirchengeschichte erweist sich leider nicht als
Erlösungsgeschichte der Menschen, selbst wenn
immer wieder heiligmäßige Menschen die Frohe
Botschaft in konkretem Leben erfahrbar machten
und machen. Deren posthume Verehrung steht

häufig in krassem Widerspruch mit der kirchlich-lehramtlichen Einschätzung zu Lebzeiten.

In der Endphase der industriellen Revolution erringt die Mammon- Religion einen epochalen Sieg. In der Erscheinungsform des Kapitalismus gewinnt sie die bürgerlichen Mehrheiten für die Klassengesellschaft. Sozialpolitisch engagierte Priester setzen neue Ziele: soziale Reformen nur noch innerhalb kapitalistischer Regeln. Die Wirtschaftsweise des Profitvorbehaltes zu Gunsten der Besitzenden findet 1931 ihre Anerkennung im päpstlichen Rundschreiben Quadragesimo anno (QA 101).

Noch so gut und ernst gemeinte „Optionen für die Armen" konnten den so entstandenen Vertrauensverlust nicht wettmachen und die Kirche vom Generalverdacht befreien, mit den Reichen, Mächtigen und Herrschenden zu paktieren.

Es ist nicht absehbar, wann die katholische Kirche in Lehre und Tat weitergeht als zur Kritik an offensichtlichen Missständen, ihren eigenen Aufruf zur Entproletarisierung ernstnimmt und der Klassenherrschaft ihre Unterstützung entzieht.

Erste verhaltene lehramtliche Verlautbarungen deuten eine Neubesinnung an. Doch selbst klare Positionierungen eines Kirchenoberhauptes bewirken noch keinen Paradigmenwechsel im gesamtkirchlichen Verhalten.

In weiten Bereichen der Seelsorge mangelt es an ermunterndem Zuspruch und aktiver Unterstützung jener, die über ein sittliches individuelles Verhalten hinaus eine ethisch relevante Umgestaltung gesellschaftlich, wirtschaftlicher und politischer Strukturen erwirken wollen.

Vielen Seelsorgern fehlen Einblick und Einsicht in komplexe Gefüge und Interessenlagen, die dieser Gesellschaft ihre Konturen geben. Allein aus Seelsorge und Theologie entstandene Gestaltungskonzepte zerbrechen regelmäßig an den überkommenen, traditionellen „gesellschaftlichen Realitäten" - „Die Bergpredigt taugt nicht für Partei- oder Wirtschaftsprogramme" werden die „Gutmenschen" dann von den „Realisten" gemahnt.

In den letzten Jahrzehnten haben sich die Kirchen um den Schutz personaler Würde an den Grenzen des Lebens (Zeugung, Geburt, Tod) verdient gemacht. Bei aller Achtung für dieses Engagement möchte man doch manchmal aufschreien: „Es gibt auch ein Leben vor dem Tod! Auch die Lebenden, die schon Geborenen, die noch nicht Sterbenden haben ihre unantastbare Personenwürde!"

Das Dilemma hält Bestand, wenn führende kirchliche Sozialethiker und Theologen wie Johannes Messner oder selbst Oswald von Nell-Breuning ihre Konzepte an kapitalismustheoretische Axiome andocken und den Diskurs mit Kollegen wie Wilhelm Hohoff, Anton Orel oder Johannes Kleinhappl SJ scheuen, die moraltheologisch argumentierend diese Konzepte kritisch reflektieren.

Sind auch die jeweiligen Exponenten inzwischen verstorben, der Diskurs bleibt überfällig, mit dem sich das Wertvolle, Zukunftsweisende aus beiden „Lagern" schöpfen ließe.

Der Mensch als Maß?

Überlegungen zur Gemeindestruktur in sozialer Logik

Christliche Gemeinde ist die sich im Vertrauen auf Gott in gemeinsamen Gottesdienst strukturierende Gemeinschaft. Sie bildet sich aus Menschen, die dem unerforschlichen Gott vertrauen, in dieser Weise Jesus von Nazareth nachfolgend wirkt und den Menschen in heiligem Geist dienen und sich gegenseitig lebensfördernd stärken.

Die Aufhebung theokratischer Elemente schafft neuen Raum für religiös-spirituelle Erfahrungen und Gestaltungsformen. Seelsorger werden entlastet und erneut zu geistlich-spirituellen Begleitern im Volk der Glaubenden. Spirituelle, sich dem Glaubensleben widmende Menschen tragen bei zur vertieften Wahrheitssuche, bieten ihre Einsichten zur Reflexion und Orientierung und pflegen gezielt die transzendenten Beziehungen der Gläubigen zum unerforschten wahren Gott.

Keine Wahrheit kann demokratisch erschlossen oder beschlossen werden. Wohl aber sind die aus den Wahrheitserkenntnissen für die Gemeinschaft und Gesellschaft geltenden Verhaltensregeln, sozialethisch zu entwickeln und demokratisch zu vereinbaren.

Sind die Schlussfolgerungen der Wahrheits-Einsichten allerdings zu Verhaltensregeln in der

Gemeinschaft oder gar Gesellschaft zu entwickeln, warum sollten wir die dazu notwendige Willensbildung nicht breit kultivieren und über demokratisch legitimierten Repräsentanten zur Entscheidung führen?

Könnte nicht ein von allen Gemeindemitgliedern gewählter Gemeindekonvent Repräsentanz und Entscheidungsorgan der Gemeinde sein?

So moderierte dieser Konvent die Dialogprozesse in der Gemeinde und träfe die darauf fußenden, verbindlichen Entscheidungen. Dialogprozesse und Entscheidungen folgten der sozialen Logik mit den vier Grundfragen:

- An welchen Werten orientieren wir uns?
- Wie kultivieren und kommunizieren wir diese Werte?
- Welche verbindlichen Vereinbarungen sind dazu zu treffen und einzuhalten?
- Wie generieren und nutzen wir die für die Zielsetzung notwendigen Ressourcen?

Gleich dem von Johannes Heinrichs vorgeschlagenen Vier-Kammer-Modell für politische Parlamente organisiert sich auch der Gemeinde-Konvent in vier Kammern:

- Der Pastoral-Werte-Kammer
- Der Apostolats-Kammer
- Der Rechtsträger-Kammer
- De Ökonomie-Kammer

Eine solche Viergliederung nach sozialer Logik scheint befremdlich. Bei näherem Hinschauen erweist sich unser bisheriges Ordnungsgefüge der Gemeinden dem bereits sehr nahe.

Der Kirchenvorstand mit der Kompetenz für Rechts- und Finanzfragen, der Pfarrgemeinderat zuständig für Pastoralkonzept und Laienapostolat bilden bereits eine 2x2-Konstruktion.

Warum ließe sich diese schon nah am Menschen orientierte Struktur nicht konsequent weiterführen?

Pastoral-Werte-Kammer

Leitmotiv: Dass dein Leben gelinge.

Kernfragen: Wie bezeugen wir Gott im Alltagsleben? Welches Gottesbild prägt unser Leben? Ist unser Glaubenszeugnis bereichernd, befreiend?

Nach all den Struktur-Reformen: Wie können wir in Gemeinde, PGR und Pfarrverband beitragen, dass Menschen in unserem Umfeld Gottes Existenz wahr-nehmen, seine Liebe und Gnade erfahren und so zu neuer Mitmenschlichkeit durchstoßen?

Zuständig für:
- die Entwicklung und Fortschreibung des Pastoralkonzeptes
- die Rolle der Seelsorger und Priester im Gemeindeleben.

Die Entscheidungen der Pastoral-Werte-Kammer setzen den Gestaltungsrahmen für die nachfolgenden Kammern.

Apostolats-Kammer

Leitmotiv: Du aber stärke Deine Brüder!

Kernfragen: Wie gehen wir miteinander um? Wie leben wir das als richtig und wertvoll Erkannte? Wie werden wir erfahren als eine Gemeinde Christi?

Zuständig für:

- Entwicklung und Förderung des Laienapostolates unter den Gläubigen
- die kommunikativen Aufgaben und Angebote der Gemeinde (Bildungsangebote, Pfarrbrief-Redaktion, Internetauftritt, Feste, Gottesdienstgestaltung…)
- die kommunikativen Beziehungen zu Nachbar- und Partnergemeinden, sowie zum zivilgesellschaftlichen Umfeld
- die Förderung des kulturellen Lebens in den Teilgemeinden der Pfarrei (z.B. über Ortsausschüsse, Verbände etc.)

Die Entscheidungen der Apostolats-Kammer sind an die Rahmenvorgabe der Pastoral-Werte-Kammer gebunden. Sie setzen den Gestaltungsrahmen für die nachfolgenden Kammern.

Rechts-Kammer

Leitmotiv: Dein Reich komme.

Kernfragen: Welche Regeln braucht unser Gemeindeleben für die angestrebten Ziele? Welche Vereinbarungen befrieden unser Gemeindeleben?

Zuständig für

- die juristisch relevanten Beziehungen innerhalb der Gemeinde und zwischen Gemeinden, sowie mit kirchlichen und staatlichen Behörden
- Dienstaufsicht für pfarrliche Anstellungsverhältnisse
- Nutzungsregeln für Gemeindeeinrichtungen

Die Entscheidungen der Rechts-Kammer sind an die Rahmenvorgabe der Apostolats-Kammer gebunden. Sie setzen den Gestaltungsrahmen für die nachfolgende Ökonomie-Kammer.

Ökonomie-Kammer

Leitmotiv: Kluger und gerechter Verwalter.

Kernfragen: Wie erhalten, verwenden und verwalten wir für das Gemeindeleben nötige materielle Ressourcen?

Zuständig für
- Etaterstellung,
- Förderanträge
- Baumaßnahmen an Gemeindeeinrichtungen
- Rahmensetzung für die geschäftsführende Rendantur

Jede die Gemeinde betreffende Frage und Entscheidung berührt alle vier Entscheidungssphären. So ist auch jede Kammer zur Beratung und Vorschlägen eingebunden. Die Entscheidungsstruktur orientiert sich jedoch an der gestuften Rahmensetzungskompetenz der vier Kammern.

Die Ablösung klerikaler Beherrschung der Gemeinden durch synodale Mitverantwortung der Gemeindemitglieder böte neuen Raum für religiös-spirituelle Erfahrungen und Erscheinungsformen. Seelsorger würden entlastet ihrem Dienst als spirituelle Begleiter der Gemeinden nachkommen können.

Die konsequente Viergliederung der Pfarreien trüge dazu bei, eigensinnige Christen, die sich dem „betreuten Glauben" durch Entkirchlichung entzogen haben, neu für christliches Gemeindeleben zu gewinnen. Sie brächten neue Impulse weltzugewandter Lebendigkeit in den kirchlichen Alltag und gäben dem jesuanischen Auftrag „Salz der Erde, Licht der Welt" zu sein, neue Kraft.

Die Erfahrung viergliedrige Gemeindeordnung würde in ihrer Wirkkraft nicht auf den Pfarrbereich beschränkt bleiben. Sie ermöglichte innerkirchliche Reformen zur Holarchie statt traditioneller Hierarchie.

Die beteiligten Gemeindemitglieder würden ihre Erkenntnisse und Erfahrungen in weltliche Strukturen und Organisationen einbringen.

Wäre es nicht ein lohnenswerter Beitrag der Kirchen, zur lebensfördernden Entfaltung moderner Demokratie beizutragen?

Auf Augenhöhe

McChurch´s Zukunft heute

Die befreiende, lebensbejahende Botschaft des Nazareners wird dem lebensfeindlichen Rationalisierungs- und Effizienzprinzip neoliberaler Ökonomie unterworfen.

Soziale und pastorale Dienste, Kinderbetreuung und Seniorenarbeit, Bildungsarbeit in Tagungshäusern und Verbänden werden kostenoptimiert den Spielregeln des Mammonopoly angepasst.

Wenn die Hirten mit den Wölfen die friedliche Koexistenz vereinbaren, wird den Schafen zu recht angst und bang.

Apostel-Tradition?

Bei so manchem klerikalen Würdenträger und realexistierendem Fürstbischof drängt sich mir die Frage auf, ob Jesus wohl aus göttlicher Einsicht keinen Rabbi oder Priester in den Kreis der 12 berief.

Weder Bischöfen, Kardinälen noch sonstigen Mitverantwortlichen von Bistumsleitungen vermag ich hinter die Stirn zu schauen. So begründet allein deren Verhalten und Wirken die entmutigende Einsicht, dass trotz vatikanischem Konzilsdekret und Lobesworten an Jahrestagen zum Ehrenamt die Laien nur wenig gelten.

Wohl sind sie Zielgruppe der Pastoral und als „helfende Mitwirkende" in Gemeinde oder kirchlichen Werken jederzeit willkommen. Geht es aber um bewusste Entwicklung und Gestaltung der Kirche, haben allein Priester Geltung in den Augen der klerikalen Entscheider. Dass Priester in der Eucharistie in Vollmacht Christi handeln, hat sich in Geschichte und Tradition zur Vorstellung übersteigert, allein der Klerus sei Kirche, sei Hirte der Gläubigen.

Vorbei das konziliare Aggiornamento, demgemäß das gesamte Volk der Gläubigen (Layos) Kirche bildet und geweihte Dienste Sonderdienste nicht am, sondern im Volk sind. Die Hochachtung des eigenständigen Laienapostolates verkümmerte zum

„Laien im pastoralen Dienst". Selbst dieser Dienst am Gemeindeleben wird nun eingeschränkt und den abnehmenden Priesterzahlen unterworfen.

In seinen Klassikern über den Umgang mit Menschen beschrieb schon in den 1930er Jahren Dale Carnegie die grundlegende Bedeutung von Anerkennung, Geltung und Selbstgefühl. Ausdrücklich bezog er sich auf das Jesuswort: „Alles, was ihr wollt, dass euch die Leute tun sollen, das tut auch ihnen."

Es ist bitter zu erleben, wie führende Kleriker sich klammern an übersteigerte religiöse Traditionen, humane Grundregeln missachten und die Menschen brüskieren. Seit der Aufklärung läuft dieser unselige Prozess, der noch immer ganze Bevölkerungsschichten und Generationen in Distanz zur Kirche bringt.

- Es ist ein Prozess, der den Menschen die erlösende Botschaft vorenthält.
- Ein Prozess, der die noch im Glauben engagierten Laien resignieren lässt.
- Ein Prozess, der das kirchliche Leben absterben lässt.

Nun soll ein neuer Prozess die Lösung bringen – ein bischöflich initiierter „Gesprächsprozess".

Nein, kein Dialog, denn der bedingt gleiche Augenhöhe aller Beteiligten. Soweit aber wollen einige mächtige Eminenzen nicht gehen. Sie sehen schon ihre Macht gefährdet, wenn sie sich mit handverlesenen „Gesprächspartnern" auf den „Stuhlkreis" als

Ritual der Gleichwertigkeit einlassen sollen. Ein „Teufelskreis", dem sie sich konsequent verweigern.

Mag es auch mutigere, dialogbereite Bischöfe geben, die mächtigen Eminenzen lassen selbst ihren Freiburger Mitbruder und Konferenzvorsitzenden im Regen stehen.

Wie lästige Bittsteller kanzeln sie innerkirchliche Reformbewegungen ab oder lassen sie jovial lächelnd ins Leere laufen.

Sie lassen sich „Hirten" nennen.

Warum lassen sich Christgläubige noch immer wie Schafe behandeln?

Während dieses Buch in den Druck geht, beginnt in Hannover die zweite Runde des Gesprächsprozesses. Die einführenden Erklärungen der Bischöfe der Steuerungsgruppe lassen erfreulich aufhorchen, wie sie sich „unsere Verantwortung in der freien Gesellschaft" vorstellen.

Zugleich aber wird die Grenzlinie scharf gezogen: thematische Kontroversen und sachliches Ringen um Einsichten lassen die traditionelle Herrschaftsstruktur unberührt. Keine Synodalität, keine Mehrheitsvoten, keine verbindlichen Entscheidungen – der Kreis kann beraten, entscheiden aber werden die Bischöfe – jenseits der Augenhöhe.

Unsere Verantwortung in freier Gesellschaft

Wir dürfen gespannt sein, wie die Teilnehmer des Gesprächsprozesses auf dem zweiten Treffen in Hannover die Kernverantwortungen entfalten.

Die Verantwortung des pilgernden Volkes Gottes im jeweiligen Raum- und Zeitbezug

- Im Respekt vor Andersgläubigen und Nichtgläubigen Impulse und Beiträge für eine gesellschaftliche Kultur der Liebe und Barmherzigkeit einbringen

- Mitgestaltung gesellschaftlicher Verhältnisse, in der die Herrschaft von Menschen über Menschen der personalen und solidarischen Selbstverfügung der Menschen im je eigenen Lebensraum weicht.

Die Verantwortung einer im Gottesvolk eigens verfassten Kirche

- Gott suchende Menschen ermuntern und ermutigen, sich im Alltag und mit ganzer Existenz vertrauensvoll auf den liebenden, barmherzigen Gott einzulassen

- Christen als Personen, in organisierten Gruppen und Verbänden unterstützen, eine gesellschaftliche Kultur zu prägen, die den Perspektiven von berechtigter Eigenliebe, Nächstenliebe und Feindesliebe gerecht wird

- In ihrer eigenen Struktur, Organisation und Verfasstheit die Werte des Reiches Gottes lebendig erfahrbar machen.

Laien in der Kirche stärken

Nur wenig Platz ließ der Käfig. Zehn Schritte vor –
zehn Schritte zurück – zehn vor – zehn zurück ....
Über die Jahre gingen die Schritte dem Bären in
Fleisch und Blut über. Als ein neuer Zoodirektor
entschied, Käfige seien keine artgerechte Tierhal-
tung, wurde der Bär in den Wald gefahren und
freigelassen.
Im Wald genoss er seine neue Freiheit und ging
....zehn Schritte vor – zehn Schritte zurück – zehn
vor – zehn zurück...

Laien in der Kirche geht es nur zu oft wie dem
Bären.
Das II. Vatikanische Konzil gab ihnen zwar Würde
und Anerkennung zurück, die über 1000jährige
Domestizierung des Volkes Gottes aber steckt noch
tief in den Knochen.
Wenden sich zu viele weltverantwortliche Christen enttäuscht von den Kirchen ab, beschränken
sich andere auf Beteiligung an rein innerkirchlichen Fragestellungen.
Kann aber so der überfällige Wandel gelingen:
vom Kirchenvolk zum Gottesvolk?
Viel zu klein ist der Kreis jener, die in Gottes Namen und um der Menschen willen gesellschaftge-
staltend Hand anlegen.

Die dazu notwendige neue Partnerschaft von Laien und Klerus innerhalb des Gottesvolkes braucht mehr als Appelle und guten Willen.

Für Bären, Eulen oder Wölfe gibt es langjährige Auswilderungsprogramme - „Schafe" müssen das wohl selbst leisten.

Eigenverantwortung

Warum immer noch die Schuldzuweisungen an reformunwillige oder gar restaurative Bischöfe und Päpste? Ob wir wie einst der Nazarener in echtem Gottvertrauen leben und handeln ist vor allem ur- eigene Entscheidung.

Auch hier gilt: Soziale Strukturen (wie auch die der Kirche) entstehen im reflektierten zwischenmenschlichen Handeln.

Wenn die Kraft des II. Vatikanum erlahmt, ist es an uns, dessen Geist zu leben.

- Um Gott für die Geschenke des Lebens zu danken: Hände falten, tanzen, singen, lachen!
- Bei unerträglichen Zuständen in Kirche und Welt: die Empörung zum Himmel und in die Welt schreien!
- Um erträgliche Zustände zu schaffen: Gott um Einsicht und Kraft bitten, die Ärmel aufkrempeln und zupacken!

Mutter Kirche?

Mater et magistra – das Leitbild des guten Papst Johannes lässt sich nur noch schwer im römisch-katholischen Zentralismus entdecken. Eher scheint es, die altersgebeugte Mutter Kirche will nicht wahrhaben, dass ihre Kinder längst erwachsen sind.

Vielleicht liegt es aber auch an der eigenartigen Konstellation, dass diese „Mutter Kirche" nur von Vätern gebildet und bestimmt wird. Deren Devise scheint zu sein, „solange Du Deine Füße….

Liegt eventuell darin auch die Lösung – in der Lösung?

Wäre es wirklich absurd, die erwachsenen Kinder würden das „Hotel Mama" verlassen und ihr eigenverantwortliches Leben führen?

Trauen sich die erwachsenen Kinder zu, sich von Mamas Haushaltskasse zu lösen, die bisherigen Beiträge in die Familienkasse als Einkünfte selbst zu verwalten und den eigenen Hausstand zu gründen?

Dann mag die „väterliche Mutter" gern mal zu Besuch kommen, über alte Zeiten reden, aus ihrer Erfahrung und Weltsicht hilfreiche Tipps und Empfehlungen geben. Auch erwachsene Kinder können so noch von der Mutter profitieren.

Mutter Kirche mag dann als eine Generation in der Glaubensfamilie noch nach ihrem Gusto leben und sich an den erwachsenen Kindern erfreuen.

Gehorsam, nicht untertan

Gott vertrauende Christen mögen sehr zurückhaltend auf die Forderung eingehen, der Lehre und den Weisungen der Kirche (Roms) zu folgen.

Kirchengeschichte und die durch sie mitgestaltete Weltgeschichte berechtigen zu einer gehörigen Portion Skepsis, ob die jeweilige Weisung tatsächlich auf das Heil der Menschen ausgerichtet ist. Allzu oft ging es um ganz profane Machtfragen, die zu Lasten der Menschen und ihrer Lebenschancen durchgesetzt wurden.

Der Gehorsam gottgläubiger Menschen richtet sich auf Gott aus, spürt der Stimme Gottes bzw. seinem inneren Echo nach. Die Spiritualität der Kirche ist dazu ein guter, geeigneter Wegweiser.

Stimmen sie überein
- die persönliche Wahrnehmung des Göttlichen
- die vernunftmäßige Reflexion dieses Wahrnehmens
- die Spiritualität der Glaubensgemeinschaft
- der kirchliche Folge-Anspruch?

Gespräche mit anderen Gläubigen, auch seelsorgliche Hilfen zur Reflexion, helfen zur vertieften Einsicht, nehmen aber nichts von der eigenen Verantwortung.

Bei jeder Diskrepanz ist es sich der Einzelne, aber auch der Gemeinschaft der Glaubenden schuldig, diese mangelnde Übereinstimmung zu benennen und ihr nachzugehen.

Dabei schuldet die Gemeinschaft, die Kirche, jedem Glaubenden respektvolle, faire Würdigung seines Zweifels. Es könnte ja auch ein bislang nicht wahrgenommener prophetischer Aspekt sein.

Wird im fairen Dialog der Dissens nicht behoben, ist es die freie Entscheidung des einzelnen Kirchengliedes, ob es seine Bedenken zugunsten des Kirchenvotums zurückstellt oder aber in diesem Fall die Gefolgschaft verweigert. Den Gewissenskonflikt als auch die ernstlich bedachte Entscheidung hat die Glaubensgemeinschaft zu respektieren, zu ertragen und auszuhalten.

Jede Gehorsams-Forderung belastet durch ihren unzulässigen Herrschaftsanspruch die Gemeinschaft der Gläubigen. Weit mehr als ein noch so langes, faires Ringen um rechte Einsicht.

Gegen den Verfall des Sozialen

Der Erzbischof von Dijon schrieb ein gutes Buch zur Sozialethik. Gut ist es, weil anstößig, hoffentlich anstoßend.

Erzbischof Minnerath bedient sich einer hinreichend allgemein gehaltenen Begrifflichkeit, um in die unterschiedlichen kulturellen Zusammenhänge übertragbar zu sein. Um das „soziale Denken im Katholizismus" offen in einen konstruktiven Dialog mit Menschen anderer Kulturen und Religionen einzubringen, verzichtet der Autor bewusst auf Bibelzitate oder Fußnotenverweise zu lehramtlichen Erklärungen.

Seine Argumentation ist über weite Strecken und in vielen Themen fundiert und folgerichtig. Die aus den Schlüssen erwachsenden ethischen Anforderungen sind einsichtig und nachvollziehbar dargestellt.

Umso erstaunlicher und für mich als Christ umso ärgerlicher sein Eiertanz, wo es um die sittlich akzeptablen Institutionen des Wirtschaftens geht.

Beschreibt er noch klar und präzise die Prämissen christlicher Ethik zu Arbeit und Eigentum

- Vorrang der Arbeit als gestaltendes menschliches Tun vor den instrumentellen Unterstützungsleistungen dieses Tuns wie Produktionsmittel, Geld, Technik.

- Bejahung des Eigentumsrechtes an den Produktionsmitteln für den arbeitenden Menschen

- Nutzungsrecht aller Menschen an den Gaben der Schöpfung und der Fülle geleisteter Produktionen an Waren und Diensten
- gerechter Tausch im wirtschaftlichen Handel

so enthält sie sich der Autor doch der folgerichtigen Schlüsse:

- Begrenzung des Eigentumsrechtes an Produktionsmitteln auf das zur eigenen Arbeitsleistung notwendige Maß, damit keinem Mitmenschen sein Eigentumsrecht beschnitten wird
- kein Eigentumsrecht zur profitablen Bewirtschaftung besitzloser Mitmenschen
- volle Zurechnung des Werkgutes und des Mehrwertes den das Werkgut erarbeitenden Menschen
- kein Einkommen allein aus Besitz oder Bereitstellung instrumentaler Leistungen, sondern allein aus geleisteter Arbeit.

Zu den Themenfeldern Familie, Zivilgesellschaft oder Friedenspolitik argumentiert Minnerath schlüssig und verständig, so dass auch Nicht-Glaubende vernunftorientiert am Dialog teilhaben können. Warum der Autor ausgerechnet im Kapitel „Wirtschaftsleben" die sonst stringente Argumentation verlässt, wird dem Leser nicht erkennbar.

Gerade die Trennung der Arbeit vom Eigentum an Arbeitsmitteln verdammt die Mehrheit der Menschen dazu, sich zur Existenzsicherung bei Arbeitsmittelbesitzern zu verdingen und sich ihrer Macht auszuliefern. Die Ideologie des Profitvorbehaltes für das Kapital und das ihr folgende Eigentumsrecht begründen Proletarisierung, Lohnsklaverei oder in neuer Sprachschöpfung: das Prekariat.

Eine als „Sozialpolitik" getarnte Bewirtschaftung besitzloser Menschen soll mittels Arbeits- und Tarifrecht die Auswüchse dieser Grundsituation entschärfen. Treu der kirchenamtlichen Doktrin verbleibt Erzbischof Minnerath in der Kritik der Missstände bei gleichzeitigem Tabu der Ursachen.

Wollte er auch hier „das soziale Denken im Katholizismus" darstellen, hätte er den innerkirchlichen Konflikt um die Bewertung des Kapitalismus beschreiben müssen. Dabei aber wäre er um eine Kritik der lehramtlichen Kapitalismusdoktrin nicht herum gekommen. Deren „Ja" zum Profitvorbehalt des Kapitals ist nicht mit den im Buch aufgezeigten ethischen Prämissen in Einklang zu bringen.

Verständlich wird die Zurückhaltung des Erzbischofs vor dem Schicksal jener Professoren und Amtsbrüder, die diese Zurückhaltung nicht übten. Sie orientierten sich an den Lehren des heiligen Thomas von Aquin zu Arbeitswert und Tauschgerechtigkeit. Lehrverbote und Amtsenthebung waren ihr Preis.

Weicht Erzbischof Minnerath diesem Konflikt auch aus, so gibt er doch Anstöße zur Diskussion und lädt zum Dialog ein.

Nehmen wir also die Einladung an und den Argumente verschärfenden Dialog auf.

Im Umfeld einer Sozialenzyklika

Von Liebe in Wahrheit

Papst Benedikt schreibt an einer neuen Enzyklika.

„Na und? fragen die Einen, „Ach du liebe Güte" oder „Na endlich" reagieren Andere in Erwartung päpstlicher Wegweisung. „Was mag darin stehen?" frage ich mich und „Wer gibt dem Papst welchen Rat, aus welchen Interessen?".

Als Bischof von Rom nannte Benedikt XVI. vor Priestern seiner Diözese das Thema: es geht um Wirtschafts- und Sozialfragen. Persönliche Habgier und „Vergötterung des Mammon" sieht der Papst als letztlichen Hintergrund der aktuellen Wirtschaftskrise.

Nur personale Fehlorientierung sündiger Menschen? Wie steht es mit den Systemen des Wirtschaftens und der Politik, Strukturen der Habgier, Gewalt und der Ausbeutung? Sollen wir im traditionellen Gehorsam den Erscheinungstermin des Rundschreibens abwarten, um dann nach gründlicher Textanalyse Lob und Kritik zu äußern? Oder melden wir unsere Interessen als Adressaten der Enzyklika schon im Entstehungsprozess an? Ich habe mich für den zweiten Weg entschieden.

Rundschreiben eines Papstes wirken massiv auf den gesellschaftlichen Dialog ein, unabhängig davon, welche Positionen der Papst einnimmt. Umso wichtiger ist es, welche Inhalte er vertritt. Die Kirche habe die Pflicht, die Motive und Hintergründe der gegenwärtigen Krise mutig und konkret beim Namen zu nennen, erklärte Benedikt XVI. im Interview. „Die Kirche", nicht allein der Papst - also nehmen wir unsere Pflicht wahr, nennen mutig und konkret unsere Ansichten beim Namen und ermutigen den römischen Bischof zur klaren Auseinandersetzung mit dem herrschenden Moneytheismus.

Was aber mag ein Brief bewirken? Die Wirkungen früherer Briefe an regionale Oberhirten ermutigen mich. Wenn auch Sie sich Zeit und Courage für einen eigenen Brief nehmen, wird eine gute Wirkung wahrscheinlicher.

Einige mögen sagen: „Ich bin kein Katholik, was geht mich die Kirche an?". Sollte deshalb Ihre Meinung weniger wert sein? Geht es nicht um das Engagement aller Menschen guten Willens für eine wahrhaft humane Welt?

Glaube, liebe Hoffnung - **alles ist denkbar!**

Erster Brief 09.März 2009

Sehr geehrter heiliger Vater, lieber Bruder Benedikt,
mit Freude und sogleich banger Erwartung entnehme ich der Presse, Sie erarbeiten derzeit eine neue Enzyklika über Wirtschafts- und Sozialfragen. Ein „schwieriges Thema", werden Sie zitiert, „da man sich sowohl mit Sachkompetenz als auch mit einem aus dem Evangelium geformten ethischen Bewusstsein äußern müsse".

Ein schwieriges Unternehmen auch deshalb, weil Sozialenzykliken Bewusstsein formende Impulse und Orientierung für gesellschaftliche Entwicklungen geben wollen.

Mein Freund und Kollege Heiko Kastner hatte Sie bereits kurz nach ihrer Papstwahl angeschrieben, Sie an die leider in Vergessenheit geratene Enzyklika „Vix pervenit" Ihres Vorgängers Benedikt XIV. aber auch der Kritik an der „Vergötzung des Marktes" durch Johannes Paul II. erinnert. Heiko Kastner stellte an Sie die Frage: „Ist es nicht konsequent und an der Zeit, nunmehr die Überlebensfrage ´Gott oder Mammon` zu stellen, d. h. die tabuisierte Verabsolutierung des (Zins-) Geldes aufzubrechen?"

Ohne es neu zu entfalten, stelle ich mich auch hier voll und ganz hinter dieses Anliegen, möchte es aber um einen Aspekt erweitern.

Zu Kritik und Überwindung des okzidentalen Kapitalismus (Max Weber) haben hervorragende Wissenschaftler wichtige Vorarbeiten geleistet, die leider bislang ohne Einfluss auf die katholische Soziallehre blieben.

Professor Dr. Dr. **Johannes Kleinhappl** SJ, Ordinarius für Moraltheologie an der Universität Innsbruck, konnte seine theistische Ethik nicht weiter entfalten, nachdem er 1947 von der römischen Ordensleitung der Professur enthoben und seither totgeschwiegen wurde.

Erst nach seinem Tod 1979 begann sein wissenschaftlicher Nachlassverwalter Ernst von Loen (1911 - 1996) mit der Herausgabe einer fünfbändigen Studienausgabe, die uns seither Zugang zu Arbeiten und Grundgedanken Kleinhappls ermöglicht.

Die Gottesherrschaft mit der in der in Gottebenbildlichkeit des Menschen begründeten Personenwürde ist mit einer „Bewirtschaftung" eigentumsloser Mitmenschen zu Profit und eigenem Nutzen sittlich nicht zu vereinbaren. Eine kirchliche Bejahung der dem kapitalistischen System zu Grunde liegenden profitorientierten Wirtschaftsweise gleicht einer „friedlichen Koexistenz" der Hirten mit den Wölfen zu Lasten der Schafe.

Die Kritik Kleinhappls an der hinter der doppelten Negation in QA 100-101 verborgenen Akzeptanz des kapitalistischen Prinzips brachte ihn um seine Lehrtätigkeit. Heute, da wir „an den Früchten erkennen" können, wie sehr die Wirtschaftstheorien unter den Einflüssen Milton Friedmans und Friedrich von Hayeks zu einer „Theologie des Moneytheismus" verkommen sind, dürfen wir dankbar und voll Hochachtung auf die Vorleistung Prof. Kleinhappls zurückgreifen.

Zum Verständnis der jeweiligen Eigenart und gleichzeitig des Aufeinander-bezogen-Sein von Ethik, Entwicklung menschlicher Kultur, sittlich gerechtfertigten Gesellschaftsordnungen und ökonomischer Effizienz beim Beschaffen der Mittel für Ziele trägt die viergliedrige Reflexionslogik des Sozialphilosophen Professor Dr. **Johannes Heinrich**s bei. Heinrichs lehrte 1975 - 78 an der Jesuitenhochschule St. Georgen Frankfurt. Sein Kollege und Ordensbruder Oswald von Nell-Breuning bewertete Heinrichs wissenschaftliche Leistung als zentralen Beitrag zur Auseinandersetzung mit der Frankfurter Schule. Nachdem Johannes Heinrichs den Orden verlassen hatte, schrieb Nell-Breuning in einem Brief am 30. April 1984: „ *... dass ich in Ihnen den Mann sehe, der unserer Soziallehre das geben kann, worin St. Georgen versagt hat und, da Sie uns verlassen haben, weiter versagt."*

Der Jurist, Nationalökonom und Philosoph Prof. DDr. **Leopold Kohr** (1909-1994) prägte das Konzept vom „menschlichen Maß". Sein Schüler und Freund Fritz Schumacher fasste 1973 eigene und Kohrs Ideen zusammen in dem Buch „Small is beautyful". Unter diesem Motto wurden Kohrs Ideen weltbekannt, 1983 erhielt er als Anerkennung für seine Theorie den „Alternativen Nobelpreis".

Sie, heiliger Vater, haben es in der Hand, die große Tradition der kirchenamtlichen Soziallehre um die bisher vernachlässigten, doch zukunftsfähigen Einsichten dieser Männer zu bereichern und ihr eine neue Dynamik zu geben. Sie verharren nicht in theoretischer Kritik an Kapitalherrschaft und dessen Exzessen, sondern zeigen und eröffnen politisch gangbare Wege, wirtschaftliche Prozesse und Strukturen wieder auf das Gemeinwohl auszurichten und als Teilbereich menschlicher Ordnung in den Dienst der Menschen einzugliedern.

Ihnen mögen sie dabei helfen, den scheinbaren Widerspruch von „Sachkompetenz und aus dem Evangelium geformten ethischen Bewusstsein" zeitgerecht aufzulösen.

In diesem Sinne freue ich mich auf die angekündigte Sozialenzyklika.

Miteinander in Christus verbunden grüße ich Sie herzlich aus Köln.

Den Dialog einfordern

Auch mit katholischer Segnung wird die kapitalistische Herrschaftsideologie nicht zum menschenwürdigen Wirtschaftskonzept. Erhebt „Kapital"-Autor und Erzbischof Reinhard Marx als Theologe und Sozialwissenschaftler den Anspruch einer wirtschaftsethischen Analyse und empfiehlt einen Rückgriff auf Friedrich von Hayek zur Lösung der Finanz- und Wirtschaftskrise, so ordnet er sich als Apologet des profitheckenden Kapitalismus und neoliberaler Nachbeter ein.

Papst Benedikt geht einen anderen Weg. Er entfaltet als orthodoxer Dogmatiker seine Gedanken über die Gestaltungskraft einer „Liebe in Wahrheit". An den Berührungspunkten zu den realen Missständen – systemisch bedingt oder durch menschliches Fehlverhalten ausgelöst – sind seine Ausführungen unzulänglich. Na und, zu klaren Analysen sind wir selbst fähig, dazu braucht es keines Papstes.

In unseren Tagungen lassen wir auch dann Menschen in Wertschätzung zu Wort kommen, wenn ihre Ausführungen in unserer Wahrnehmung holprig und schwer nachvollziehbar klingen. Nehmen wir bitte auch den Papst ernst im angebotenen ethischen Dialog.

Dialog lässt sich nur führen, wenn wir ihn frei und in Augenhöhe führen. Beklagen wir nicht die Unzulänglichkeiten vermeintlicher „Herrscher". Greifen wir aus eigener Souveränität den Dialog auf, bringen unsere Sichtweise und Vorstellungen ein.

Dabei sollten wir auch nicht nur <u>über</u> den Papst und seine Enzyklika in Dialog treten, sondern auch <u>mit</u> ihm. In diesem Sinne entstand mein zweiter Brief an den Papst. Ich wäre froh, täten es viele andere mit ihren je eigenen Gedanken.

Zweiter Brief 16.Juli 2009

Sehr geehrter heiliger Vater, lieber Bruder Benedikt,
ausdrücklich sage ich Ihnen meinen herzlichen Dank für Ihr Schreiben „Caritas in veritate".

Auf ihre veröffentlichte Bemerkung zur Schwierigkeit des Sachthemas hatte ich Ihnen am 9. März 2009 geschrieben, Sie auf die wissenschaftlichen Vorarbeiten dreier großer Wirtschaftsethiker hinweisend. Ob dieser Brief Sie persönlich erreichte und beeinflusste, entzieht sich meiner Kenntnis. Es ist auch unwichtig, denn Ihre „Antwort" liegt nun als Enzyklika vor und sie ist beeindruckend.

Also bestätigt sich die Einsicht, dass im Zusammenwirken und gegenseitigen Durchringen von Liebe und Wahrheit die gleichen Grunderkenntnisse aufleuchten. Vereinzelte Unterschiede in Begründungen und Argumentationen können die Gemeinsamkeiten in Perspektiven und Konsequenzen nicht verwischen.

Während Ihre Enzyklika den Weg in die Öffentlichkeit fand, tagte im Katholisch-sozialen Institut in Bad Honnef die 11. Sommerakademie für politische Querdenker. Diese Querdenker-Akademie ist eine der Veranstaltungsformen, mit der das KSI überregionale Anerkennung fand als eine „offene Plattform gesellschaftlichen Dialoges". Aus dieser Arbeit entstanden unter anderem der REGIONALE

AUFBRUCH und das Projekt *denk!BARmobil* als ergänzender „Aufbruch in die Regionen".

In Vorbereitung zur diesjährigen Sommerakademie trug ich die Themen zusammen, die in den vergangenen 10 Jahren von den Teilnehmern eingebracht, konsensuell beraten und bearbeitet wurden. Das beigefügte Mindmap dieser Themenfülle wurde von den Teilnehmern als „Honnefer Impuls" bestätigt. Dieser „Honnefer Impuls" soll in den gesellschaftlichen Dialog eingebracht, in Projekten entfaltet und weiterentwickelt werden.

Derartigen Dialog beschreiben Sie als Dienst der Kirche an der Welt (11). Damit solcher Dialog gestalterische Kräfte weckt, Kooperationen von „Menschen guten Willens" über Glaubensvorbehalte hinweg ermöglicht, bedarf es einer Kultur der Ermunterung und Ermutigung. Die umfangreiche Literatur zu einer „Theologie der Hoffnung" kann nicht darüber hinwegtäuschen, dass solche Ermutigungskultur im kirchlichen Raum leider ein Nischendasein führt. Wächter der „prinzipiellen Wahrheit" erscheinen zu häufig als Museumswächter, die den Schatz vor Gebrauchsspuren schützen wollen. Katechetische Belehrung wird zu oft zum Ersatz, denn zur Ergänzung des politisch-sozialen Engagements. Die „Entwicklung von Pastoralkonzepten" wird dem Laienapostolat vorgezogen.

Zugegeben, dies sind Erfahrungen aus meinen Seminaren, Tagungen und Reisen im deutschsprachigen Raum. Wunderbar, wäre es anderswo anders. Die deutschsprachigen Länder nehmen aber noch immer eine Schlüsselrolle im Konzert der großen Wirtschaftsnationen ein.

Nun unterliegt die Enzyklika den Prozessen akademischer Interpretationen als auch der von Interessen gesteuerten politischen Ausweidung.

Viele sind enttäuscht. Sie hatten auf klare Verurteilungen gehofft, auf eine Demaskierung des moneytheistischen Kapitalismus. Sie bemängeln, dass Sie die eindeutigen Aussagen in Populorum Progressio und Sollicitudo rei socialis nicht bestätigt oder gar übertrumpft hätten. „Butterweich" schimpfen diejenigen, die aber selbst mit den scharfen Positionierungen Ihrer Vorgänger die kapitalistische Unterwerfung der Welt nicht aufhielten.

Andere sind enttäuscht, weil Sie diese klaren Aussagen Ihrer Vorgänger nicht zurückgenommen oder deutlich beschwichtigt haben, hatten sie doch auf erneute Akzeptanz des „profitmaximierenden Wirtschaftens" gesetzt. „Orientierung gebend" frohlocken entspannt jene, die im Umfeld gesellschaftlicher Beschwichtigungen ihr machtpolitisches Spiel verfolgen. „Theologisch der gesellschaftlichen Realität und Wahrnehmung enthoben", „der Beliebigkeit preisgegeben" lauten weitere Vorwürfe.

Heiliger Vater, Ihre Enzyklika wurde in Pressekommentaren unter anderem abgewunken, weil Sie „nichts Neues" gesagt hätten. Warum auch, Sie haben an die grundlegende Wahrheit erinnert, damit sie neu zur heilsamen Anwendung kommt. Die „Liebe in der Wahrheit" zu übersetzen in die Interessenpluralität und Kämpfe, in die Fragen der Gerechtigkeit und zeitgemäßen Gemeinwohls (lokal, regional und global) ist keine Aufgabe des Papstes. Es liegt an uns Christen, eigenständig diese Perspektive immer wieder in die Alltagserfahrungen der Mitmenschen aktiv und lebensfördernd einzubringen.

Lieber Bruder Benedikt, sehr geehrter Heiliger Vater,
diese doppelte Ansprache erlaube ich mir, weil sie den Spannungsbogen Ihrer Aufgabe umschreibt. „Du aber stärke Deine Brüder" ist kein Herrschaftsauftrag, sondern Aufforderung zu aktiver Ermutigung und Ermunterung. Weltweit engagieren sich Frauen und Männer, Schwestern und Brüder im Geist Gottes für eine jedem Menschen würdige Welt.
Weltumspannendes Engagement für einen kulturübergreifenden Weltethos, für einen GLOBAL-MARSHALL-PLAN oder der komplementäre Einsatz für regionale Selbstorganisation mit Kreislaufwirtschaften und regionalen Währungen zur subsidiären Gemeinwohlssicherung erfordern situative Kenntnisse und lösungsorientierten Sachverstand.

„Römische Handlungsanweisungen" würden wir als übergriffige, inkompetente Einmischung zurückweisen. Doch die angebotene theologisch-ethische Reflexion ist als „brüderliche Rückenstärkung" willkommen und erbeten. Er erlaubt den „geschwisterlichen Disput" um die sachgerechte Lösung, unter Verzicht auf den „römischen Schiedsrichter", doch in bewusster Erinnerung der Grundanliegen.

Als Heiliger Vater sind Sie gemäß kanonischem Recht für den Geltungsbereich kirchlicher Werke und Dienste mit absoluten Herrschaftsrechten ausgestattet. Wie Ihre Vorgänger und Nachfolger werden Sie sich vor dem Herrn und unserem Gott zu verantworten haben, ob sie diese Machtfülle zu unzulässiger Herrschaft über Personen, Gemeinschaften oder Völker oder aber zur Förderung des kirchlichen Dienstes in der Welt und an der Welt nutzten. An Ihnen liegt es, die aufgezeigten Prinzipien und Wahrheiten in kirchlicher Organisation und Sozialstruktur exemplarisch umzusetzen.

Damit die Impulse Ihrer Enzyklika Wirkung entfalten, fördern Sie bitte die Wandlung unserer Kirche von der „Museumswächter-Kultur" zur „Ermutiger-Kultur".
Die Erfahrungen der Querdenker-Akademie zeigen: Je mehr wir ermutigen, umso höhere Akzeptanz findet unsere Zumutung göttlich verankerter, wahrer Humanität.

Verbunden im brüderlichen, (laien)apostolischen Engagement

grüße ich Sie herzlich

Was bewirkt eine Sozialenzyklika?

Die Reaktionen auf die päpstliche Enzyklika „Caritas in veritate" macht mir immer mehr verständlich, warum Pius XII. keine Sozialenzykliken schrieb. Wohl nahm dieser Papst in Briefen, Grußworten und Weihnachtsbotschaften zu sozialen und gesellschaftlichen Fragen Stellung, doch immer konkret und auf den Anlass bezogen. Wie etwa hätte er die komplexen und explosiven gesellschaftlichen Situationen seiner Zeit in einem förmlich wie thematisch weltumfassenden Schreiben ausreichend bearbeiten können. In einem Schreiben, welches treffende sozialwissenschaftliche Analysen, theologische Reflexionen und christliche Handlungsperspektiven vereinigen soll. Der gewiefte Kuriendiplomat Eugenio Pacelli handelte klug, er schrieb keine Sozialenzyklika.

Seine Nachfolger entschieden sich anders. So begründete Johannes XXIII., warum auch in den Fragen zwischenmenschlichen Miteinanders die Kirche „Mutter und Lehrmeisterin" sei (Mater et Magistra). Paul VI. griff den Schrei der Unterdrückten in prophetischer Kritik auf und beschrieb Maßstäbe zur menschenwürdigen Entwicklung der Völker (Populorum progressio). Johannes Paul II. warnte vor den Eigenarten des Profit heischenden Kapitalismus und den Gefahren seiner Entfesselung nach dem Zusammenbruch des kommunistischen Gegenspielers.

Scharfe Analysen in deutlicher Sprache, die die Entwicklung zur moneytheistischen Weltunterwerfung aber nicht aufhielten. Auch dort, wo Christen in hohen Führungspositionen tätig waren und sind, wurden ökonomische und politische Entscheidungen „realistisch" getroffen. Ethische Wechselbeziehungen werden auch heute als nebensächlich außer Acht gelassen oder gar in den argumentativen Dienst der Profitgier umgedeutet.

Lässt sich etwa im Geschäftsgebaren der Deutschen Bank erkennen, dass ihr langjähriger Chefökonom als bekennender Katholik Mitglied im Zentralkomitee der deutschen Katholiken ist? Eher lässt sich der Einfluss neoliberalen Gedankengutes auf die soziale Positionierung der Kirchen belegen. Zeichnet sich nicht die an Friedrich von Hayek und Milton Friedman orientierte neoliberale Wirtschaftstheorie durch ihre kalte, ethikfreie „ökonomisch rationale Logik" aus? Eine Logik, in der die Profitmaximierung alle anderen Werte zur „Gefühlsduselei von Gutmenschen" degradiert. Eine Logik, die dem „Shareholder value" die Herrschaft über alle wirtschaftlichen und politischen Prozesse einräumt. Nun soll also ein Papst mit einer Sozialenzyklika alles wieder gerade rücken? Wehe, wenn er nicht den richtigen Ton trifft, wenn er nicht brillant die unterschiedlichen wissenschaftlichen Disziplinen bedient. Den Politikern sollte er klare Handlungsstrategien aufweisen, ohne sie zu bevormunden.

Die ethische Herausforderung angenommen

Dem Dogmatikprofessor Joseph Ratzinger hätte die „Klugheit" seines diplomatischen Vorgängers Pacelli vielleicht auch gut getan. Doch auch er hat sich anders entschieden. Zu der epochalen moneytheistischen Unterwerfung der Menschen in aller Welt hat er nicht geschwiegen.

Die Fallstricke unterschiedlicher Fachdisziplinen zu meiden suchend, konzentriert er sich auf die theologisch-ethische Reflektion dessen, was von der herrschenden Ökonomie bewusst verdrängt wird: Gerechtigkeit und Gemeinwohl, zu gestalten aus „Liebe in Wahrheit".

Noch immer „Ja zum Kapitalismus"?

Ohne es ausdrücklich zu formulieren, akzeptiert Benedikt XVI. weiterhin die geschichtlich entwickelte Klassenstruktur und fordert wirksamen Schutz der besitzlosen Erwerbsabhängigen durch starke Arbeitnehmervereinigungen[4].

Die Überwindung der sich aus der kapitalistischen Wirtschaftsweise konsequent ergebende Klassenaufteilung gemäß der Anforderung von Rerum novarum und dem Denk- und Arbeitsansatz des Johannes Kleinhappl wird allerdings eine kritische Auseinandersetzung mit den sozialethischen Lehren Oswald von Nell-Breunings, Joseph Kardinal Höffners und anderer nach sich ziehen. Sind es doch Konzepte, die von der Formel ausgehen, dass

---

[4] Enzyklika Caritas in veritate Zif. 25

das für die „kapitalistische Wirtschaftsweise" unverzichtbare Rentabilitäts- und Profitmaximierungsprinzip "in sich nicht schlecht", „daher als solches nicht zu verdammen" sei (QA 100 u 101).
Auch nach der klaren Verurteilung dieser Wirtschaftsweise durch das II. Vatikanische Konzil (GES 26) finden die den Kapitalismus schützenden Konzepte und Lehrmeinungen viele Anhänger im mittelständischen und unternehmerischen Milieu. Selbst in weiten Kreisen katholischer Sozialverbände wird die seinerzeit von Franz Hitze postulierte systemimmanente Sozialpolitik der Systemkritik und Systemüberwindung noch immer vorgezogen. Folgen wir aber dem von Papst Benedikt XVI. erhobenen Anspruch von „Liebe in Wahrheit" konsequent, führt dieser Ansatz – selbst wenn vom Papst eventuell so nicht bedacht - an die traditionellen Denkschranken und ermutigt zu deren Überwindung.

Denkschranken übersteigen

In einer auf „Liebe in Wahrheit" gegründeten Gesellschaft hat „Profitvorbehalt im wirtschaftlichen Tausch" keinen Platz mehr. Bislang besitzlose Arbeitnehmer sind dann als unternehmende Arbeiter mit dem für ihren (auch kooperativen) Arbeitsvollzug notwendigen Eigentum an Werkgut, den Produktions- und Arbeitsmitteln ausgestattet. Spekulativem Investment ist die Basis entzogen, da die Betriebe sachbezogene Personalverbände im Eigentum der Mitarbeiter sind.

In meinem Brief vom 9. März 2009 wies ich den Papst auf die wegweisenden wissenschaftlichen Vorleistungen der Wirtschaftsethiker Johannes Kleinhappl, Leopold Kohr und Johannes Heinrichs hin. So lag es jetzt nahe, in einer ersten Betrachtung der Sozialenzyklika auf Affinitäten zu deren Ansätzen zu achten.

Den Kapitalismus überwinden.
Jedem Menschen das seine, das ihm Gebotene geben! (CiV 6) Volle Gerechtigkeit auch in den existenziellen wirtschaftlichen Dimensionen – der von seinem Jesuitenorden des Lehrstuhls enthobene Johannes Kleinhappl hatte diesen Anspruch als Kern der Arbeitswertlehre erhoben und systematisch entfaltet. Zur Enzyklika „Populorum Progressio" (PP) hatte Kleinhappl notiert: „Diese Enzyklika ist vielleicht die fortschrittlichste von allen bisher erschienenen päpstlichen Enzykliken zur sozialen Frage, obwohl auch in ihr die letzten Fragen einer von den Sachzwängen der kapitalistischen Wirtschaftsweise befreiten Arbeits-, Wirtschafts- und Gesellschaftsordnung nicht vollinhaltlich zu Ende gedacht und entwickelt werden."
Das scharfe Urteil des Papstes über den ungehemmten Liberalismus (PP 26) gehöre „zweifellos zu den mutigsten und bedeutendsten, die in der gesamten Geschichte päpstlichen Rundschreiben sozialen Frage bisher ausgesprochen wurden. Dennoch gilt auch hier, darauf die nötigen Schlussfolgerungen in den Fragen von Arbeit und Eigentum,

Arbeit und Tausch, Eigentum und Einkommen zu ziehen." (*Zitate aus: Johannes Kleinhappl, Kirchliche Kapitalismuskritik, Analysen, Essays und Fragmente aus dem Nachlass, Bd 3, S. 287*)

„Rechte entstehen aus Pflichten, aus dem Anspruch auf alles, was die Erfüllung der Pflichten ermöglicht", diese Auffassung Kleinhappls hatte bereits Papst Paul VI. aufgegriffen (PP 105 ff). Benedikt XVI. bestätigt diese Überlegungen ausdrücklich. Wenn der heutige Papst derartige Einsichten neu hervorhebt, sollten sich nicht nur die Jesuiten aufmachen, den verdrängten Erkenntnisschatz ihres Ordensbruders Prof. DDr. Johannes Kleinhappl zu heben.

Small is beautyful

Nur schemenhaft, aber noch erkennbar verweist der Papst auf die Bedeutung regionaler, subsidiärer Strukturen im Aufbau gesellschaftlicher Organisationen und politischer Autoritäten. Diesen Denkansatz kompetent weiterzuführen bedarf es mehr als theologischer Kenntnisse. Die Einsichten und wissenschaftlichen Erkenntnisse des Nationalökonomen und Staatsrechtlers Prof. Leopold Kohr können dem zeitgemäßen Ansatz der Regionalität neue Schubkraft verleihen, völlig im Einklang mit der Enzyklika.

Schade, dass der Papst hierzu keinen Rückgriff formulierte.

Schuster, bleib bei deinen Leisten!

Mir scheint, als habe der Dogmatiker Ratzinger versucht, diesen Anspruch zu halten, sich aber dem Erwartungsdruck an eine Sozialenzyklika gebeugt. Wo es um die Anwendungsfelder der ethischen Ansprüche geht, wird die Enzyklika in weiten Teilen unpräzise.

Ist deshalb seine Enzyklika sozialwissenschaftlich belanglos? Ein „Schrottpapier", wie der Jesuit Prof. Dr. Friedhelm Hengsbach formuliert? Bestätigt der Papst nicht die gesellschaftliche Verantwortung eines jeden Christen und das entsprechende politisch-soziale Engagement als christliches Zeugnis der Liebe, als Verkündigung der Wahrheit der Liebe Christi in der Gesellschaft (CiV 4-6). Welche Korrekturen an innerkirchlichen Struktur- und Pastoralreformen würde es auslösen, diesen Anspruch ernst zu nehmen?

Reflexionslogik

Lege ich als Maßstab die von Johannes Heinrichs entwickelte viergliedrige Reflexionslogik an, werden die Konturen deutlicher. Fachliche Domäne des Papstes ist die Dogmatik, auch wenn sein wissenschaftlicher Einsatz seit Jahrzehnten umstritten ist. Damit liegt Benedikt XVI. mit seinem argumentativen Ansatz theologisch fundierter Ethik im Heinrichs´schen Legitimationssystem. Hier ist sein Platz und hier ist der Hauptdiskurs zu führen.

Einbindung der Subsysteme

Der Papst fordert die Einbindung der Wirtschaft in moralisch akzeptable, kulturell getragene und politisch vereinbarte Rahmenbedingungen (CiV 36 ff). Wer diesen Gedanken konsequent aufgreift und verfolgt, tut gut daran, sich an der von dem Sozialphilosophen Prof. Dr. Johannes Heinrichs entwickelten viergliedrigen Reflexionslogik zu orientieren. Auch die Ergänzung staatlicher Kompetenzen um die zivilgesellschaftliche Partizipation der Bürger und ein System ethisch verankerter Global Gouvernance korrespondiert mit den Anforderungen, die Heinrichs in der „(R)Evolution der Demokratie" erhebt. Diese Ansätze weiter zu verfolgen, schafft Rahmenbedingungen, damit die Entwicklung sozialer Strukturen dem reflektierten zwischenmenschlichen Handeln entspricht.

Eigene Verantwortung

Die gedanklichen, oft mangelhaften Ausflüge des Papstes in die gesellschaftlichen Subsysteme der Kultur, Politik und des Wirtschaftens mögen uns anregen, in eigener Sachkompetenz gemäß den ethischen Anforderungen das jeweilige Feld zu bestellen. Engagieren wir uns in den Sphären unserer Kompetenzen und bringen uns von dort her in den umfassenden und übergreifenden Dialog ein.

Reflexionskultur entwickeln

Es ist noch ein weiter Weg zu der von Johannes Heinrichs aufgezeigten Reflexionskultur. Doch wer hindert uns, den Weg zu gehen? Der Papst wird es wohl nicht sein. Er fordert auf zum Dialog, nehmen wir ihn ernst.

Wie es aber unter in ihrer Würde gleichen Menschen üblich sein sollte, führen wir solchen Dialog dann bitte nicht nur <u>über</u> den Papst, sondern wo angezeigt mit ihm.

Das Wort Jesu „Du aber stärke deine Brüder" sollte nicht allein Petrus gelten, sondern eine Aufforderung an uns alle sein.

Kirche ist gefordert

Wie wirksam sich die Enzyklika erweist, hängt vor allem davon ab, ob die Kirche selbst die für solche Entwicklungen nötige Kultur der Ermutigung entwickelt. Der traditionelle und neu gestärkte Trend zu zentralistischen Strukturen erweist sich jedoch kontraproduktiv. Über solchen Widerspruch innerkirchlichen Verhaltens zur eigenen Soziallehre hätte mein Großvater gesagt: „Was sie mit den Händen aufbauten, schmeißen sie mit dem Hintern um!".

Heute wird solcher Widerspruch als „mangelnde Authentizität" gewertet. Doch keine Christin, kein Christ ist verpflichtet, die unzureichende Authentizität der Kirche auf das eigene Engagement zu übertragen. In solchem Selbstverständnis darf auch der Papst unzulänglich und fehlerhaft sein.

Unzureichend, doch ermutigend

Die Sozialenzyklika des zum Papst gewählten Dogmatikers Joseph Ratzinger mag sozialwissenschaftlich unzureichend sein. Die theologischethischen Reflexionen über „caritas in veritate in re sociali" schaffen jedoch ausreichend Orientierung für wahres humanitäres Engagement. Technische

Lösungen herrschaftsfreier Gesellschaftsordnungen auf lokaler, regionaler, nationaler oder globaler Ebene sind nicht Sache der Kirche.

Christen und Menschen guten Willens können sich aber ermutigt sehen.

- Ermutigt, wo sie zur Überwindung des menschenverachtenden Kapitalismus beitragen.

- Ermutigt, wo sie im regionalen Engagement eine im Lebensraum verankerte, subsidiär strukturierte Gesellschaft aufbauen.

- Ermutigt, wo sie in gemeinsamen Reflexionen die zwischenmenschlichen Strukturen entwickeln und zu umfassender Demokratie beitragen.

Zwischen triumphalem und heiligem Geist

Die Kirche gehört Euch nicht!

Als Stifter setzte Jesus zwölf Apostel ein und gab ihnen Anteil an seiner Macht. So sie in heiligem Geist entschieden, sollte diese Entscheidung auf Erden wie im Himmel gelten. Zugleich schärfte er ihnen ein, keine Herrschaft über Menschen auszuüben, sondern ihnen im Namen Gottes zu dienen, damit sein Reich komme.

Gar nicht so einfach, göttlich bestätigte Machtfülle mit herrschaftsfreier Demut in Einklang zu bringen. Eigentlich eine totale Überforderung für jeden Menschen, allein in heiligem Geist zu bewältigen.

Schon die Schriften des Neuen Testaments dokumentieren, dass die Führungskräfte der jungen Kirche nicht immer im heiligen, sondern häufig im allzu menschlichen Geist miteinander umgingen.

Die Kirchengeschichte liefert seither ständig Belege, dass die rechtmäßigen und oft nur recht mäßigen Nachfolger der Apostel an dieser Aufgabe versagten.

Wer versagt schon gern und gesteht sogar sein Versagen ein, wenn ihm die Macht gegeben ist, die eigene Fehlentscheidung zu glorifizieren und als sakrosankte Weisung dem Volk der Gläubigen aufzudrücken?

Das alles wissen und schauen wir heute. Wir besuchen und bestaunen die baulichen, kunsthistorisch wertvollen Zeugnisse triumphaler Kirchlichkeit. Aus den leeren Gürteltaschen der ausschwärmenden Jünger und Apostel wurden feudale Residenzen, Paläste und Monumente der Kirchenherrschaft.

Über die Jahrhunderte entwickelte und praktizierte Regelungen schufen eigene dynamische Systeme.

Das Kernproblem unserer Kirche sind nicht falsche Einsichten und darauf fußende Fehlentwicklungen. Das ist nur menschlich tragisch.

Immer wieder ist es stures und überzeitliches Beharren in Fehlern, gründend im falschen, überzogenen Anspruch auf Weisheit, Wahrhaftigkeit, Fehlerlosigkeit und Unfehlbarkeit.

Kein Glaube an die Kirche

Sollte ich nach den Worten des apostolischen Glaubensbekenntnisses „an die Kirche" glauben, mein Glaube wäre seit langem zerstört. Beim Exodus der Gläubigen aus der Kirche wäre ich wohl in den vorderen Reihen.

Nein, der Kirche kann ich keinen Glauben schenken. Daran trägt nicht die „dunkle Seite" der Kirchengeschichte schuld. Auch die aktuellen Fehlentwicklungen, die auf pfarrerfähige und -willige Priester zentrierten Strukturreformen, auch nicht die Anstrengungen zur nachkonziliaren Rück-Wende stören meinen Glauben.

Wäre die Kirche fehlerfrei, sollte man dieses Wunder ausgiebig feiern und dokumentieren. Doch auch dann bekäme sie meinen Glauben nicht.

Mögen sich Papst, Bischöfe und Kleriker auch die Haare raufen. Sie, die traditionell den Anspruch erheben, Kirche zu sein; sie, die sich in der Geschichte definierten als „Kirche, die die Gläubigen betreut".

Aber auch eine Kirche, die sich im konziliaren Verständnis sieht als in der „Geschichte pilgerndes Gottes Volk", findet meinen Glauben nicht. Dieser Kirche, die in großartiger Geschichte immer wieder die Frohbotschaft in die Welt trägt, gilt meine Loyalität, mein Respekt - doch nicht mein Glaube.

Einzig Gott gehört mein Glaube. Jener Gott, von dem Jesus, der Nazarener, den Menschen erzählte. Den er Vater nannte, dem er mit seiner ganzen Existenz bis in Tod und Auferweckung vertraute.
Jesu Einladung zu solchen Gottvertrauen nachzufolgen, so verstehe ich mich als Christ.
Als Katholik erlebe ich in Gegenwart und geschichtlichem Rückblick, wie das Miteinander von Menschen in heiligem Geist die Welt und die Kirche vermenschlicht und erträglich macht.

Wenn ich an etwas an der Kirche glaube, dann, dass solches Miteinander in heiligem Geist immer wieder möglich ist und als Korrektiv wirkt gegenüber all dem, was wir in menschlichem Geist mit und durch die Kirche anrichten.

Kathedralmoschee im spanischen Cordoba

Ein starker Ort! Spürbar kraftvoll, seit geschichtlichen Frühzeiten empfanden Menschen so und huldigten an „starken Orten" ihren Gottheiten. Sie bauten Tempel, Moscheen oder Kathedralen.

In Cordaba bauten sie alle. Auf den Iberern und Kelten heiligem Boden bauten die Römer einen Tempel für Janus, den Doppelgesichtigen. Frühchristen, Mauren und Katholiken heiligten ihrem Gott am selben Ort. Gedanklich und technische bauten sie aufeinander auf und verwoben einander.

Die dem Märtyrer Vinzenz geweihte Basilika der Westgoten eroberten die Mauren, teilten in damals geübter Praxis das Gotteshaus und überließen den Christen eine der Hälften. Bis Abd ar-Rahman I. 785 den Christen ihre Hälfte abkaufte, um durch den Abriss der Basilika einer großen Moschee Raum zu geben, beteten Moslems und Christen im gleichen Gotteshaus. Respekt voreinander und Toleranz dem Glauben von Juden, Christen und Moslems untereinander begründeten eine Hochkultur in Wissenschaft, Philosophie und Religion.

So entstand in Cordoba die seinerzeit größte Moschee der Welt, in deren Mitte im 16. Jahrhundert eine Renaissance-Kathedrale hineingepropft wurde. Diesem Ansinnen der Domherren auf Machtdemonstration in der rückeroberten Moschee hatte sich Stadtregierung lange heftig verweigert, musste sich aber Karl V. beugen, jenem Kaiser, in dessen Reich „die Sonne niemals untergeht".

Als Carlos V. später sah, was er erlaubt hatte, soll er sich reuig geäußert haben. „Hätte ich gewusst, was Ihr vorhabt, Ihr hättet es nicht gemacht!". Doch auch kathedrale Baufrevel haben Nebenwirkungen; hier führte er dazu, dass die Moschee erhalten blieb – wenn auch kräftig deformiert – pardon, katholisiert.

Heute, 2012, löst diese eigentümliche Verwobenheit der Religionen, Kulturen und Baustile ihre eigenartige Faszination aus.

Einen gelungenen historischen Rückblick auf die mittelalterliche Blütezeit kulturellen Respektes bietet der Besuch im Torre la Calahorra.

Da Fundamentalisten in jeder Religion sich in den Vordergrund drängen, bietet sich die Gelegenheit, Gottsuchenden aller Religionen fundierten Respekt zu erweisen. Eine historische Einsicht könnte neu zur geschichtsmächtigen Einsicht wachsen.

Wäre die katholische Kirche ernsthaft an einem Zentrum interreligiösen Trialogs interessiert, einen besseren Ort als diesen „starken Ort" in Cordoba ließe sich schwer finden.

Weil – Damit – Obwohl

Eine immer wiederkehrende, bedrückende Erfahrung aus der Begleitung und Beratung kirchlicher und verbandlicher Gremien: Es werden Tagesordnungen abgehandelt, Gespräche über „Gott und die Welt" kommen dabei viel zu kurz.

Das Angebot eines moderierten Klausurwochenendes ist vielen Pfarrgemeinderäten zur jährlichen Reflexion willkommen. Bei einigen ist es schon Tradition, viele tun sich trotz diözesaner Förderung noch schwer – schon wieder ein Termin!

Je nach Themenstellung und Tagungsverlauf lade ich ein, einen Satzanfang durch drei unterschiedliche Stichworte zu beenden.

Ich bin Christ/in,

- weil...
- damit...
- obwohl...

Von den verschiedenen, im Nachdenken aufsteigenden Antworten bitte die heute wichtigste als Stichwort auf der Moderationskarte vermerken.

Freiwillig präsentieren die Teilnehmer ihre Einsichten vor dem Kreis, sie erleben es als „persönlich Zeugnis geben".

Über die Jahre schälen sich für die drei Sätze Muster heraus.

Weit wichtiger aber ist für die jeweiligen Teilnehmer die Einsicht: „Darüber haben wir so noch nie miteinander gesprochen!" – „Wir wussten fast nichts vom persönlichen Glauben unseres Nachbarn und PGR-Kollegen."

Mit wenigen Mitteln wird die Grenze vom traditionellen Bekenntnis zur Glaubensaussage überschritten – fast immer eine befreiende Erfahrung.

Auch Priester sind Laien!

Als Christ in der katholischen Kirche bin ich froh über die große Anzahl von Frauen und Männern, die sich der Seelsorge im „durch die Geschichte pilgernden Volk Gottes" stellen. Nur scheinbar sind es zu wenige. Es kommt darauf an, was ihnen zugemutet wird – sowohl von den Gläubigen als auch von den Kirchenleitungen.

Nehmen wir die Verheißungen des alten neuen Testamentes war, dass ER es ist, der seine Kirche baut? Dann könnte es doch auch sein, dass der empfundene Priestermangel eine Aufforderung ist zu neuer Aufgabenverteilung im Volk Gottes.

Ob Jesus auch in heutiger Zeit und Kultur nur Männer in den Kreis der 12 berufen hätte, wie er es in Raum und Zeit bezogen vor 2000 Jahren im Orient tat?

Es gibt viel zu kritisieren an unserer Kirche und ihrem klerikalen Gehabe. Gleichwohl gibt es viel zu danken für gute Priester und Seelsorger. Der „Weg des Priesters" war nie mein Weg, auch wenn mir auf meinem Weg viele Priester in unterschiedlichen Ämtern begegneten und wohl weiterhin begegnen.

Gute Priester und Laien prägten mein Engagement und meine noch immer vorhandene Hoffnung auf das Zeugnis der Frohbotschaft durch unsere Kirche.

Der junge Generalvikar, der den „vorauseilenden Gehorsam" seiner Mitarbeiter abtat mit dem Hinweis: „Wenn Sie mich offiziell fragen, muss ich formal und korrekt antworten – also fragen Sie mich besser nicht."

Der Jugendseelsorger, der die Maxime vorlebte: „Wat mit Dispens jeht, jeht ooch ohne!"

Der Pfarrer, der sich gegen die Fusion seiner auf verschiedene Täler verteilte Dorfgemeinden zu einer Großpfarrei wandte: „Was Gott getrennt hat, soll der Mensch nicht zusammenschustern."

Sein Mitbruder, der den Gemeinden wichtige Fragen zur eigenen Entscheidung überließ: „Denn ich bin nur ein zeitweiliger Wegbegleiter dieser Gemeinden - nicht ihr Chef!"

Der Weihbischof, der als Visitator entgegen der Befürchtungen von Pfarrgemeinderat Kirchenvorstand nicht als Kontrolleur, sondern als Ermutiger kam: „Ist Ihnen eigentlich bewusst, welche großartige Arbeit sie in ihren Gemeinden bereits heute leisten?"

Der Erzbischof, der nach einer großartigen Predigt den Wunsch auf eine Textfassung ablehnt. Er würde nie nach Vorlage predigen und eine Predig zu vertexten, würde einiges verfälschen: „Hören

Sie einfach gut zu, nehmen Sie es als Impuls. Entwickeln Sie Ihre eigenen Ideen!"

Es waren ungezählt viele gute Priester und Seelsorger, einen will ich namentlich hervorheben.

Er war der erste der Priester, die meinen Laien-Weg formten; Jürgen Schmülling, damals Kaplan der Gemeinde Herz-Jesu Bocholt, kam aus dem Ruhrpott.

Spät berufen war er von Weiß (Zahnarzt) auf Schwarz (Priester) gewechselt, wollte dem Volk lieber aufs als ins Maul schauen.

So beschrieb er unsere CAJ-Gruppe einem Mitbruder: „Mit den Jungs kann man Pferde stehlen – nur die Scheißkerle tun das auch!"

Nach einem Streit wollte er uns disziplinieren, indem er sein Arbeitszimmer nicht mehr für die Gruppentreffen bereitstellte. Also schufen wir im Keller eines CAJ-lers unseren eigenen Treff, lernten, auch ohne Priester unseren Weg zu gehen.

Die Versöhnung nach Wochen war kurz und knapp. Bei irgendeiner Feier prostete er uns zu, lachte und bemerkte: „Lieber ohne Popen als ohne Rückgrat - na denn!"

Hülkologien

❖ ER, auf den sie sich berufen, spart nicht. ER liebt die Verschwendung. **Der Aufwand für unsere irdische Existenz ist ein komplettes Universum.**

❖ Wir denken uns nicht in eine neue Lebensweise hinein, wir leben uns in eine neue Denkweise hinein.

❖ Wer seinen und der Menschen Wert am Geld misst, verfällt der täuschenden Freiheit des Geldes: Sich selbst zu entwerten!

❖ Zukunft heute: Kirchenmärchen – Geschichten voller Grimm?

❖ Sind etwa deshalb so viele Alte in der Kirche, weil ihnen die Zusage gegeben wurde, Jünger zu werden?

❖ Wozu braucht es einen KV?
  • Jede Gemeinde braucht einen geheimen Zirkel?
  • Zu jeder Entscheidung des Pfarrers braucht es 10 Stimmen, damit es nach Demokratie aussieht?
  • Jede Gemeinde braucht ein Feindbild?

❖ Hat Elias letztlich doch gegen die Priester und Gläubigen des Baal verloren?

❖ Motto traditioneller Verbände?
Wir haben die Antworten und suchen nach Menschen, die die dazu passenden Fragen haben.

❖ Von den weinschlürfenden Wasserpredigern kommen keine Impulse, die die Welt in die Bahnen der Solidarität und Gerechtigkeit zurückführen.

❖ Ein einziger trockener Zwischenruf inmitten einer wässrigen Predigt kann zeigen, wo Land in Sicht ist.

❖ Am Hochofen ist schwerer über Gotteskindschaft zu reden als im Hörsaal oder von der Kanzel.

❖ Holzköpfe nutzen die Bretter vor dem Kopf, um Vorschläge einzusargen.

❖ Zum Tadeln reicht die Zunge, Bessermachen verlangt den ganzen Menschen.

Anhang: Dekret Laienapostolat

Am 18. November 1965 vom Konzil mit 2340 Ja- zu 2 Neinstimmen beschlossen und feierlich verkündet. Dennoch führt das Dekret über das Laienapostolat ein unberechtigtes Schattendasein des „kleinen Bruders" gegenüber der „Pastoralkonstitution KIRCHE IN DER WELT VON HEUTE". Für mich ein Grund, diesen Konzilsbeschluss neu in Erinnerung zu rufen und meinen Reflexionen anzuhängen.

DEKRET
APOSTOLICAM ACTUOSITATEM
ÜBER DAS LAIENAPOSTOLAT

EINLEITUNG

1. Um dem apostolischen Wirken des Gottesvolkes mehr Gewicht zu verleihen, wendet sich die Heilige Synode nunmehr eindringlich an die Laienchristen, von deren spezifischem und in jeder Hinsicht notwendigem Anteil an der Sendung der Kirche sie schon andernorts gesprochen hat. Denn das Apostolat der Laien, das in deren christlicher Berufung selbst seinen Ursprung hat, kann in der Kirche niemals fehlen. Wie spontan und fruchtbar dieses Wirken in der Frühzeit der Kirche war, zeigt

klar die Heilige Schrift selbst (vgl. *Apg* 11,19-21; 18,26; *Röm* 16,1-16; *Phil* 4,3).

Unsere Zeit aber erfordert keinen geringeren Einsatz der Laien, im Gegenteil: die gegenwärtigen Verhältnisse verlangen von ihnen ein durchaus intensiveres und weiteres Apostolat. Das dauernde Anwachsen der Menschheit, der Fortschritt von Wissenschaft und Technik, das engere Netz der gegenseitigen menschlichen Beziehungen haben nicht nur die Räume des Apostolats der Laien, die großenteils nur ihnen offenstehen, ins unermeßliche erweitert; sie haben darüber hinaus auch neue Probleme hervorgerufen, die das eifrige Bemühen sachkundiger Laien erfordern.

Dieses Apostolat wird um so dringlicher, als die Autonomie vieler Bereiche des menschlichen Lebens - und zwar mit vollem Recht - sehr gewachsen ist, wenngleich dieses Wachstum bisweilen mit einer gewissen Entfremdung von der ethischen und religiösen Ordnung und mit einer schweren Krise des christlichen Lebens verbunden ist. Zudem könnte die Kirche in vielen Gebieten, in denen es nur ganz wenige Priester gibt oder diese, wie es öfters der Fall ist, der für ihren Dienst notwendigen Freiheit beraubt sind, ohne die Arbeit der Laien kaum präsent und wirksam sein. Ein Hinweis auf diese vielfältige und dringende Notwendigkeit des Laienapostolats liegt auch in dem unverkennbaren Wirken des Heiligen Geistes, der den Laien heute mehr und mehr das Bewußtsein der ihnen eigentümlichen Verantwortung schenkt und sie allenthalben zum Dienst für Christus und seine Kirche aufruft.

In diesem Dekret möchte nun das Konzil Natur, Eigenart und Vielgestaltigkeit des Laienapostolates erläutern, zugleich aber auch grundlegende Prinzipien vorlegen und pastorale Weisungen geben, die zu seiner wirksameren Betätigung helfen sollen. Dies alles soll dann auch bei der Revision des kanonischen Rechts, soweit es das Laienapostolat betrifft, als Norm gelten.

I. KAPITEL

DIE BERUFUNG DER LAIEN ZUM APOSTOLAT

Die Beteiligung der Laien am Sendungsauftrag der Kirche

2. Dazu ist die Kirche ins Leben getreten: sie soll zur Ehre Gottes des Vaters die Herrschaft Christi über die ganze Erde ausbreiten und so alle Menschen der heilbringenden Erlösung teilhaftig machen, und durch diese Menschen soll die gesamte Welt in Wahrheit auf Christus hingeordnet werden. Jede Tätigkeit des mystischen Leibes, die auf dieses Ziel gerichtet ist, wird Apostolat genannt; die Kirche verwirklicht es, wenn auch auf verschiedene Weise, durch alle ihre Glieder; denn die christliche Berufung ist ihrer Natur nach auch Berufung zum Apostolat. Wie sich im Gefüge eines lebendigen Leibes ein Glied nicht nur passiv verhält, sondern zugleich mit dem Leben des Leibes

auch an seinem Tun teilnimmt, so bewirkt auch im Leib Christi, der die Kirche ist, der ganze Leib "gemäß der jedem einzelnen Glied zugemessenen Wirkkraft das Wachstum des Leibes" (*Eph* 4,16). Ja so stark ist in diesem Leib die Verbindung und der Zusammenhalt der Glieder (vgl. *Eph* 4,16), daß man von einem Glied, das nicht nach seinem Maß zum Wachstum des Leibes beiträgt, sagen muß, es nütze weder der Kirche noch sich selber.

Es besteht in der Kirche eine Verschiedenheit des Dienstes, aber eine Einheit der Sendung. Den Aposteln und ihren Nachfolgern wurde von Christus das Amt übertragen, in seinem Namen und in seiner Vollmacht zu lehren, zu heiligen und zu leiten. Die Laien hingegen, die auch am priesterlichen, prophetischen und königlichen Amt Christi teilhaben, verwirklichen in Kirche und Welt ihren eigenen Anteil an der Sendung des ganzen Volkes Gottes. Durch ihr Bemühen um die Evangelisierung und Heiligung der Menschen und um die Durchdringung und Vervollkommnung der zeitlichen Ordnung mit dem Geist des Evangeliums üben sie tatsächlich ein Apostolat aus. So legt ihr Tun in dieser Ordnung offen für Christus Zeugnis ab und dient dem Heil der Menschen. Da es aber dem Stand der Laien eigen ist, inmitten der Welt und der weltlichen Aufgaben zu leben, sind sie von Gott berufen, vom Geist Christi beseelt nach Art des Sauerteigs ihr Apostolat in der Welt auszuüben.

Die Fundamente des Laienapostolates

3. Pflicht und Recht zum Apostolat haben die Laien kraft ihrer Vereinigung mit Christus, dem Haupt. Denn durch die Taufe dem mystischen Leib Christi eingegliedert und durch die Firmung mit der Kraft des Heiligen Geistes gestärkt, werden sie vom Herrn selbst mit dem Apostolat betraut. Sie werden zu einer königlichen Priesterschaft und zu einem heiligen Volk (vgl. 1 *Petr* 2,4-10) geweiht, damit sie durch alle ihre Werke geistliche Opfergaben darbringen und überall auf Erden Zeugnis für Christus ablegen. Durch die Sakramente, vor allem die heilige Eucharistie, wird jene Liebe mitgeteilt und genährt, die sozusagen die Seele des gesamten Apostolates ist.

Das Apostolat verwirklicht sich in Glaube, Hoffnung und Liebe, die der Heilige Geist in den Herzen aller Glieder der Kirche ausgießt. Ja das Gebot der Liebe, das der große Auftrag des Herrn ist, drängt alle Christen, für die Ehre Gottes, die durch das Kommen seines Reiches offenbar wird, und für das ewige Leben aller Menschen zu wirken, damit sie den einzigen wahren Gott erkennen und den, den er gesandt hat, Jesus Christus (vgl. *Joh* 17,3).

Allen Christen ist also die ehrenvolle Last auferlegt, mitzuwirken, daß die göttliche Heilsbotschaft überall auf Erden von allen Menschen erkannt und angenommen wird.

Zum Vollzug dieses Apostolates schenkt der Heilige Geist, der ja durch den Dienst des Amtes und durch die Sakramente die Heiligung des Volkes Gottes wirkt, den Gläubigen auch noch besondere Gaben (vgl. 1 *Kor* 12,7); "einem jeden teilt er sie zu, wie er will" (1 *Kor* 12,11), damit "alle, wie ein jeder die Gnadengabe empfangen hat, mit dieser einander helfen" und so auch selbst "wie gute Verwalter der mannigfachen Gnade Gottes" seien (1 *Petr* 4,10) zum Aufbau des ganzen Leibes in der Liebe (vgl. *Eph* 4,16).

Aus dem Empfang dieser Charismen, auch der schlichteren, erwächst jedem Glaubenden das Recht und die Pflicht, sie in Kirche und Welt zum Wohl der Menschen und zum Aufbau der Kirche zu gebrauchen. Das soll gewiß mit der Freiheit des Heiligen Geistes geschehen, der "weht, wo er will" (*Joh* 3,8), aber auch in Gemeinschaft mit den Brüdern in Christus, besonders mit ihren Hirten. Ihnen steht es zu, über Echtheit und geordneten Gebrauch der Charismen zu urteilen, natürlich nicht um den Geist auszulöschen, sondern um alles zu prüfen und, was gut ist, zu behalten (vgl. 1 *Thess* 5,12.19.21).

Die Spiritualität der Laien gemäß des Apostolates

4. Da Christus, vom Vater gesandt, Quell und Ursprung des gesamten Apostolates der Kirche ist, kann es nicht anders sein, als daß die Fruchtbarkeit des Apostolates der Laien von ihrer lebendigen Vereinigung mit Christus abhängt; sagt doch der

Herr: "Wer in mir bleibt und in wem ich bleibe, der bringt viele Frucht; denn ohne mich könnt ihr nichts tun" (*Joh* 15,5).

Dieses Leben innigster Vereinigung mit Christus in der Kirche nähren die gleichen geistlichen Hilfen, die allen Gläubigen zu Gebote stehen, vor allem die tätige Teilnahme an der heiligen Liturgie. Dieser Hilfen müssen sich die Laien so bedienen, daß sie bei der rechten Erfüllung ihrer weltlichen Pflichten in den gewöhnlichen Lebensverhältnissen die Vereinigung mit Christus nicht von ihrem Leben abspalten, vielmehr in dieser Vereinigung dadurch noch wachsen, daß sie ihre Arbeit gemäß dem Willen Gottes leisten.

Das ist der Weg, auf dem die Laien mit freudigbereitem Herzen zu immer höherer Heiligkeit fortschreiten müssen; Schwierigkeiten sollen sie mit Klugheit und Geduld zu überwinden versuchen. Weder die häuslichen Sorgen noch die anderen Aufgaben, die das Leben in der Welt stellt, dürfen außerhalb des Bereiches ihres geistlichen Lebens stehen gemäß dem Wort des Apostels: "Was ihr auch tut in Wort und Werk, tut alles im Namen des Herrn Jesus Christus, und sagt Dank Gott und dem Vater durch ihn" (*Kol* 3,17).

Ein solches Leben fordert einen ständigen Vollzug von Glaube, Hoffnung und Liebe.

Nur im Licht des Glaubens und in der betenden Versenkung in Gottes Wort wird es möglich, immer und überall Gott zu erkennen, in dem "wir leben, uns bewegen und sind" (*Apg* 17,28), in allem Geschehen seinen Willen zu suchen, in allen Menschen, ob sie uns nun nahe- oder fernstehen, Christus zu sehen und richtig zu beurteilen, welche Bedeutung und welchen Wert die zeitlichen Dinge in sich selbst und in Hinordnung auf das Ziel des Menschen haben.

Die diesen Glauben haben, leben in der Hoffnung auf das Offenbarwerden der Söhne und Töchter Gottes, da sie des Kreuzes und der Auferstehung des Herrn eingedenk bleiben.

Mit Christus noch in Gott verborgen, frei von der Sklaverei des Reichtums und auf jene Güter bedacht, die ewig währen, weihen sie sich während der Pilgerschaft dieses Lebens großmütig der Aufgabe, die Herrschaft Gottes auszubreiten und die zeitliche Ordnung mit dem Geist Christi zu durchdringen und zu vervollkommnen. Inmitten der Widrigkeiten dieses Lebens finden sie Kraft in der Hoffnung, sind sie doch überzeugt, daß "die Leiden dieser Zeit in keinem Verhältnis zu der kommenden Herrlichkeit stehen, die in uns offenbar werden wird" (*Röm* 8,18).

Angetrieben durch die Liebe, die aus Gott stammt, tun sie allen Gutes, zumal denen, die uns im Glauben verbunden sind (vgl. *Gal* 6,10); "alle Bosheit und Tücke, alle Heuchelei und Mißgunst und alle üble Nachrede legen sie ab" (1 *Petr* 2,1) und ziehen so die Menschen zu Christus.

Die Liebe Gottes aber, die "in unseren Herzen aus-
gegossen ist durch den Heiligen Geist, der uns
gegeben ist" (*Röm* 5,5), befähigt die Laien, den
Geist der Seligpreisungen in ihrem Leben wirklich
zum Ausdruck zu bringen. Da sie Jesus auch in
seiner Armut nachfolgen wollen, werden sie weder
durch den Mangel an zeitlichen Gütern niederge-
drückt noch durch deren Fülle aufgebläht. In
Nachahmung des erniedrigten Christus sind sie
nicht auf eitle Ehre aus (vgl. *Gal* 5,26), sondern
suchen mehr Gott zu gefallen als den Menschen,
immer bereit, um Christi willen alles zu verlassen
(vgl. *Lk* 14,26) und Verfolgung zu leiden um der
Gerechtigkeit willen (vgl. *Mt* 5,10), eingedenk des
Herrenwortes: "Wenn einer mir nachfolgen will,
gebe er sich selbst auf, nehme sein Kreuz auf sich
und folge mir" (*Mt* 16,24). Sie pflegen untereinander die Freundschaft der Christen und helfen einander in jeglicher Not.

Dieses geistliche Leben der Laien muß vom Stand
der Ehe und der Familie, der Ehelosigkeit oder
Witwenschaft, aus der Situation einer Krankheit,
vom beruflichen oder gesellschaftlichen Wirken
her ein besonderes Gepräge annehmen. Die Laien
mögen darum nicht aufhören, jene ihnen verliehe-
nen Eigenschaften und Gaben mit Bedacht auszu-
bilden, die diesen Lebenslagen entsprechen, und
auch die ihnen je eigenen Gnadengaben zu gebrauchen, die sie vom Heiligen Geist empfangen
haben.

Außerdem sollen sich die Laien, die ihrer Berufung gemäß einer der von der Kirche approbierten Vereinigungen oder Institute beigetreten sind, die diesen eigentümliche, besondere Ausprägung des geistlichen Lebens getreu anzueignen suchen.

Hochschätzen mögen sie auch berufliche Sachkenntnis, familiären und mitbürgerlichen Sinn und alle jene Tugendhaltungen, die sich auf den mitmenschlichen Umgang beziehen, wie Rechtschaffenheit, Sinn für Gerechtigkeit, Aufrichtigkeit, Menschlichkeit, Starkmut, ohne die auch ein wahrhaft christliches Leben nicht bestehen kann.

Ein vollendetes Vorbild eines solchen geistlichen und apostolischen Lebens ist die seligste Jungfrau Maria, die Königin der Apostel. Während sie auf Erden ein Leben wie jeder andere verbrachte, voll von Sorge um die Familie und von Arbeit, war sie doch immer innigst mit ihrem Sohn verbunden und arbeitete auf ganz einzigartige Weise am Werk des Erlösers mit; jetzt aber, in den Himmel aufgenommen, "sorgt sie in ihrer mütterlichen Liebe für die Brüder ihres Sohnes, die noch auf der Pilgerschaft sind und in Gefahren und Bedrängnissen weilen, bis sie zur seligen Heimat gelangen". Alle sollen sie innig verehren und ihr Leben und ihr Apostolat ihrer mütterlichen Sorge empfehlen.

II. KAPITEL

DIE ZIELE DES LAIENAPOSTOLATES

Einleitung

5. Das Erlösungswerk Christi zielt an sich auf das Heil der Menschen, es umfaßt aber auch den Aufbau der gesamten zeitlichen Ordnung. Darum besteht die Sendung der Kirche nicht nur darin, die Botschaft und Gnade Christi den Menschen nahezubringen, sondern auch darin, die zeitliche Ordnung mit dem Geist des Evangeliums zu durchdringen und zu vervollkommnen. Die Laien, die diese Sendung der Kirche vollziehen, üben also ihr Apostolat in der Kirche wie in der Welt, in der geistlichen wie in der weltlichen Ordnung aus. Beide Ordnungen, die man gewiß unterscheiden muß, sind in dem einzigen Plan Gottes so verbunden, daß Gott selbst in Christus die ganze Welt als neue Schöpfung wieder aufnehmen will, im Keim hier auf Erden, vollendet am Ende der Tage. In beiden Ordnungen muß sich der Laie, der zugleich Christ ist und Bürger dieser Welt, unablässig von dem einen christlichen Gewissen leiten lassen.

Das Apostolates der Evangelisierung und der Heiligung

6. Die Sendung der Kirche geht auf das Heil der Menschen, das im Glauben an Christus und in seiner Gnade erlangt wird. Das Apostolat der Kirche und aller ihrer Glieder ist darum vor allem darauf gerichtet, die Botschaft Christi der Welt durch Wort und Tat bekanntzumachen und ihr seine Gnade zu vermitteln. Das geschieht vorzüglich durch den Dienst des Wortes und der Sakramente. Dieser ist zwar in besonderer Weise dem Klerus anvertraut, an ihm haben aber auch die

Laien ihren bedeutsamen Anteil zu erfüllen, damit sie "Mitarbeiter der Wahrheit" (3 *Joh* 8) seien. Vornehmlich in dieser Ordnung ergänzen einander das Apostolat der Laien und der Dienst der Hirten.

Unzählige Gelegenheiten zur Ausübung des Apostolates der Evangelisierung und Heiligung stehen den Laien offen. Das Zeugnis des christlichen Lebens selbst und die guten in übernatürlichem Geist vollbrachten Werke haben die Kraft, Menschen zum Glauben und zu Gott zu führen; sagt doch der Herr: "So leuchte euer Licht vor den Menschen, damit sie eure guten Werke sehen und euren Vater preisen, der im Himmel ist" (*Mt* 5,16).

Dennoch besteht dieses Apostolat nicht nur im Zeugnis des Lebens. Ein wahrer Apostel sucht nach Gelegenheiten, Christus auch mit seinem Wort zu verkünden, sei es den Nichtgläubigen, um sie zum Glauben zu führen, sei es den Gläubigen, um sie zu unterweisen, zu stärken und sie zu einem einsatzfreudigen Leben zu erwecken; "denn die Liebe Christi drängt uns" (2 *Kor* 5,14), und im Herzen aller sollten jene Worte des Apostels ein Echo finden: "Weh mir, wenn ich die gute Botschaft nicht verkünden wollte" (1 *Kor* 9,16)1.

Da sich aber in dieser unserer Zeit neue Fragen erheben und schwerste Irrtümer verbreitet werden, die die Religion, die sittliche Ordnung, ja die menschliche Gesellschaft selbst von Grund aus zu verkehren trachten, ist es dieser Heiligen Synode ein ernstes Anliegen, die Laien, jeden nach seiner

Begabung und Bildung, zu ermutigen, im Geist der Kirche noch eifriger bei der Herausarbeitung, Verteidigung und entsprechenden Anwendung der christlichen Grundsätze auf die Probleme unserer Zeit ihren Beitrag zu leisten.

Die christliche Aufbauung der zeitlichen Ordnung

7. Das ist der Plan Gottes hinsichtlich der Welt, daß die Menschen die zeitliche Ordnung einträchtig miteinander aufbauen und immer mehr vervollkommnen.

Alles, was die zeitliche Ordnung ausmacht, die Güter des Lebens und der Familie, Kultur, Wirtschaft, Kunst, berufliches Schaffen, die Einrichtungen der politischen Gemeinschaft, die internationalen Beziehungen und ähnliches mehr, sowie die Entwicklung und der Fortschritt von alldem sind nicht nur Hilfsmittel zur Erreichung des letzten Zieles des Menschen, sondern haben ihren Eigenwert, den Gott in sie gelegt hat, ob man sie nun einzeln in sich selbst betrachtet oder als Teile der gesamten zeitlichen Ordnung: "Und Gott sah alles, was er geschaffen hatte, und es war sehr gut" (*Gen* 1,31). Diese natürliche Gutheit von alldem erhält eine spezifische Würde durch die Beziehung dieser Dinge zur menschlichen Person, zu deren Dienst sie geschaffen sind. Endlich hat es Gott gefallen, alles, das Natürliche und das Übernatürliche, in Christus Jesus zu einer Einheit zusammenzufassen, "so daß er selbst in allem den ersten Rang hat" (*Kol* 1,18). Dennoch nimmt diese Bestimmung der zeitlichen Ordnung in keiner Weise ihre Autonomie, ihre eigenen Ziele, Gesetze, Methoden und ihre eigene Bedeutung für das Wohl der Menschen. Sie vollendet sie vielmehr in ihrer Bedeutsamkeit und ihrem Eigenwert. Zugleich richtet sie sie auf die volle Berufung des Menschen auf Erden aus.

Im Lauf der Geschichte wurden die zeitlichen Dinge durch schwere Mißbräuche entstellt. Die Menschen, von der Erbschuld belastet, erlagen oft mannigfachen Irrtümern über das wahre Wesen Gottes, die Natur des Menschen und die Grundforderungen des Sittengesetzes. Das führte zu einem Verfall der Sitten und der menschlichen Einrichtungen, ja die menschliche Person selbst wurde nicht selten mit Füßen getreten. Auch in unseren Tagen setzen nicht wenige ein allzu großes Vertrauen auf den Fortschritt der Naturwissenschaften und der Technik und neigen zu einer gewissen Vergötzung der zeitlichen Dinge, mehr deren Sklaven als deren Herren.

Aufgabe der ganzen Kirche ist es, daran zu arbeiten, daß die Menschen fähig werden, die gesamte zeitliche Ordnung richtig aufzubauen und durch Christus auf Gott hinzuordnen.

Den Hirten obliegt es, die Grundsätze über das Ziel der Schöpfung und über den Gebrauch der Welt klar zu verkünden, sittliche und geistliche Hilfen zu gewähren, damit die zeitliche Ordnung auf Christus ausgerichtet werde.

Die Laien aber müssen den Aufbau der zeitlichen Ordnung als die gerade ihnen zukommende Aufgabe auf sich nehmen und dabei, vom Licht des Evangeliums und vom Geist der Kirche geleitet sowie von christlicher Liebe gedrängt, unmittelbar und entschieden handeln. Sie sollen aus ihrer spezifischen Sachkenntnis heraus und in eigener Verantwortung als Bürger mit ihren Mitbürgern zusammenarbeiten und überall und in allem die Gerechtigkeit des Reiches Gottes suchen.

Die zeitliche Ordnung ist so auszurichten, daß sie, unter völliger Wahrung der ihr eigentümlichen Gesetze, den höheren Grundsätzen des christlichen Lebens entsprechend gestaltet, dabei jedoch den verschiedenen Situationen der Orte, Zeiten und Völker angepaßt wird. Unter den Werken dieses Apostolates ist die soziale Tätigkeit der Christen von besonderer Bedeutung, und zwar wünscht die Heilige Synode, daß sie sich heute auf den ganzen zeitlichen Bereich, auch auf den kulturellen, erstrecke.

Das caritative Wirken

8. Alles apostolische Wirken muß seinen Ursprung und seine Kraft von der Liebe herleiten. Einige Werke sind jedoch schon ihrer Natur nach geeignet, die Liebe lebendig zum Ausdruck zu bringen. Sie sollten, so wollte es Christus der Herr, Zeichen seiner messianischen Sendung sein (vgl. *Mt* 11,4-5).

Das größte Gebot im Gesetz ist, Gott aus ganzem Herzen zu lieben und seinen Nächsten wie sich selbst (vgl. *Mt* 22,37-40). Dieses Gebot der Nächstenliebe machte Christus zu seinem charakteristischen Gebot und gab ihm eine neue, reichere Bedeutung: Er selbst wollte gleichsam derselbe Gegenstand der Liebe sein wie die Brüder, als er sagte: "Wann ihr etwas auch nur einem von diesen meinen geringsten Brüdern getan habt, habt ihr es mir getan" (*Mt* 25,40). Er selbst hat ja, als er die menschliche Natur annahm, die ganze Menschheit in einer übernatürlichen Solidarität zu einer Familie zusammengefaßt und an sich gebunden, und er hat die Liebe zum Zeichen seiner Jünger bestimmt mit den Worten: "Daran werden alle erkennen, daß ihr meine Jünger seid, wenn ihr Liebe zueinander habt" (*Joh* 13,35).

Wie darum die heilige Kirche schon in ihrer Frühzeit die Feier der Agape mit dem eucharistischen Mahl verband und so, als ganze durch das Band der Liebe um Christus geeint, in Erscheinung trat, wird sie zu allen Zeiten an diesem Zeichen der Liebe erkannt. Wenn sie sich auch über alles freut, was andere in dieser Hinsicht tun, nimmt sie doch die Werke der Liebe als ihre eigene Pflicht und ihr unveräußerliches Recht in Anspruch. Der barmherzige Sinn für die Armen und Kranken und die sogenannten caritativen Werke, die gegenseitige Hilfe zur Erleichterung aller menschlichen Nöte, stehen deshalb in der Kirche besonders in Ehren.

Heute, da die Kommunikationsmittel immer vollkommener arbeiten, die Entfernungen unter den Menschen sozusagen überwunden sind und die Bewohner der ganzen Erde gleichsam zu Gliedern einer einzigen Familie wurden, sind jene Tätigkeiten und Werke viel dringlicher und umfassender geworden. Das caritative Tun kann und muß heute alle Menschen und Nöte umfassen. Wo immer Menschen leben, denen es an Speise und Trank, an Kleidung, Wohnung, Medikamenten, Arbeit, Unterweisung, notwendigen Mitteln zu einem menschenwürdigen Leben fehlt, wo Menschen von Drangsal und Krankheit gequält werden, Verbannung und Haft erdulden müssen, muß die christliche Hilfe sie suchen und finden, alle Sorgen für sie aufwenden, um sie zu trösten und mit tätiger Hilfe ihr Los zu erleichtern. Diese Verpflichtung obliegt in erster Linie den einzelnen Menschen wie den Völkern, die in Wohlstand leben.

Damit die Übung dieser Liebe über jeden Verdacht erhaben sei und als solche auch in Erscheinung trete, muß man im Nächsten das Bild Gottes sehen, nach dem er geschaffen ist, und Christus den Herrn, dem in Wahrheit all das dargeboten wird, was einem Bedürftigen gegeben wird. Man muß auch in tiefer Menschlichkeit auf die personale Freiheit und Würde dessen Rücksicht nehmen, der die Hilfe empfängt. Weder das Suchen des eigenen Vorteils noch Herrschsucht dürfen die Reinheit der Absicht beflecken. Zuerst muß man den Forderungen der Gerechtigkeit Genüge tun, und man darf nicht als Liebesgabe anbieten, was schon aus Gerechtigkeit geschuldet ist. Man muß die Ursachen der Übel beseitigen, nicht nur die Wirkungen. Die Hilfeleistung sollte so geordnet sein, daß sich die Empfänger, allmählich von äußerer Abhängigkeit befreit, auf die Dauer selbst helfen können.

Die Laien mögen also die Werke der Liebe und die Unternehmungen der sozialen Hilfe, private oder öffentliche, auch die internationalen Hilfswerke hochschätzen und nach Kräften fördern. Durch sie wird einzelnen Menschen und ganzen Völkern in ihrer Not wirklich geholfen. Dabei sollen die christlichen Laien mit allen Menschen guten Willens zusammenarbeiten.

III. KAPITEL

VERSCHIEDENE BEREICHE DES LAIENAPOSTOLATES

Einleitung

9. Die Laien betätigen ihr vielfältiges Apostolat sowohl in der Kirche als auch in der Welt. In jeder dieser beiden Ordnungen tun sich verschiedene Bereiche apostolischen Wirkens auf. Die wichtigeren sollen hier erwähnt werden: die kirchlichen Gemeinschaften im engeren Sinn, die Familie, die Jugend, die sozialen Milieus, das nationale und internationale Leben. Da heute die Frauen eine immer aktivere Funktion im ganzen Leben der Gesellschaft ausüben, ist es von großer Wichtig-

keit, daß sie auch an den verschiedenen Bereichen des Apostolates der Kirche wachsenden Anteil nehmen.

Die kirchlichen Gemeinschaften

10. Als Teilnehmer am Amt Christi, des Priesters, Propheten und Königs, haben die Laien ihren aktiven Anteil am Leben und Tun der Kirche. Innerhalb der Gemeinschaften der Kirche ist ihr Tun so notwendig, daß ohne dieses auch das Apostolat der Hirten meist nicht zu seiner vollen Wirkung kommen kann. Denn wie jene Männer und Frauen, die Paulus in der Verkündigung des Evangeliums unterstützt haben (vgl. *Apg* 18,18.26; *Röm* 16,3), ergänzen Laien von wahrhaft apostolischer Einstellung, was ihren Brüdern fehlt; sie stärken geistig die Hirten und das übrige gläubige Volk (vgl. 1 *Kor* 16,17-18). Durch tätige Teilnahme am liturgischen Leben ihrer Gemeinschaft genährt, nehmen sie ja angelegentlich an deren apostolischen Werken teil. Menschen, die vielleicht weit abseits stehen, führen sie der Kirche zu. Angestrengt arbeiten sie an der Weitergabe des Wortes Gottes mit, vor allem durch katechetische Unterweisung. Durch ihre Sachkenntnis machen sie die Seelsorge und die Verwaltung der kirchlichen Güter wirksamer.

Die Pfarrei bietet ein augenscheinliches Beispiel für das gemeinschaftliche Apostolat; was immer sie in ihrem Raum an menschlichen Unterschiedlichkeiten vorfindet, schließt sie zusammen und fügt es dem Ganzen der Kirche ein. Die Laien mögen sich daran gewöhnen, aufs engste mit ihren Priestern vereint in der Pfarrei zu arbeiten; die eigenen Probleme und die der Welt, sowie die Fragen, die das Heil der Menschen angehen, in die Gemeinschaft der Kirche einzubringen, um sie dann in gemeinsamer Beratung zu prüfen und zu lösen; endlich jede apostolische und missionarische Initiative der eigenen kirchlichen Familie nach Kräften zu unterstützen.

Stets mögen sie den Sinn für das ganze Bistum pflegen, dessen Zelle gleichsam die Pfarrei ist, immer bereit, auf Einladung ihres Bischofs auch für die diözesanen Unternehmungen ihre Kräfte einzusetzen. Ja um den Bedürfnissen von Stadt und Land zu entsprechen, mögen sie ihre Mitarbeit nicht auf die engen Grenzen ihrer Pfarrei oder ihres Bistums beschränken, sondern sie auf den zwischenpfarrlichen, interdiözesanen, nationalen und internationalen Bereich auszudehnen bestrebt sein; dies um so mehr, als die von Tag zu Tag zunehmende Wanderung der Menschen und Völker, die Zunahme der gegenseitigen Verbundenheit und die Leichtigkeit des Nachrichtenaustausches nicht mehr zulassen, daß irgendein Teil der Gesellschaft in sich abgeschlossen weiterlebt. So sollen sie sich um die Nöte des über den ganzen Erdkreis verstreuten Volkes Gottes kümmern. Vor allem sollen sie die Missionswerke zu ihrem eigenen Anliegen machen und ihnen materielle, aber auch personelle Hilfe leisten. Es ist ja Pflicht und Ehre der Christen,

Gott einen Teil der Güter zurückzugeben, die sie von ihm empfangen haben.

Die Familie

11. Der Schöpfer aller Dinge hat die eheliche Gemeinschaft zum Ursprung und Fundament der menschlichen Gesellschaft bestimmt und durch seine Gnade zu einem großen Geheimnis in Christus und seiner Kirche (vgl. *Eph* 5,32) gemacht. Darum hat das Apostolat der Eheleute und Familien eine einzigartige Bedeutung für die Kirche wie für die menschliche Gesellschaft.

Die christlichen Eheleute sind füreinander, für ihre Kinder und die übrigen Familienangehörigen Mitarbeiter der Gnade und Zeugen des Glaubens. Ihren Kindern sind sie die ersten Künder und Erzieher des Glaubens. Durch Wort und Beispiel bilden sie diese zu einem christlichen und apostolischen Leben heran, helfen ihnen klug in der Wahl ihres Berufes und pflegen mit aller Sorgfalt eine vielleicht in ihnen sich zeigende Berufung zum Priester- und Ordensstand.

Schon immer war es Pflicht der Gatten, heute aber ist es ein hochbedeutsamer Teil ihres Apostolates geworden:

a) die Unauflöslichkeit und Heiligkeit des ehelichen Bandes durch ihr Leben sichtbar zu machen und zu erweisen,

b) Recht und Pflicht der Eltern und Vormünder zur christlichen Erziehung ihrer Kinder entschlossen zu vertreten sowie

c) die Würde und das rechtmäßige Eigenleben der Familie zu verteidigen. Sie, wie auch alle übrigen Christen, mögen mit allen Menschen guten Willens daraufhin zusammenarbeiten, daß diese Rechte in der bürgerlichen Gesetzgebung gesichert bleiben. Die Führung des Gemeinwesens soll den Bedürfnissen der Familien hinsichtlich Wohnung, Kindererziehung, Arbeitsbedingungen, sozialer Sicherheit und Steuern Rechnung tragen. In der Organisation des Aus- und Einwanderungswesens soll das Zusammenleben der Familie in jeder Weise sichergestellt sein.

Die Familie selbst empfing von Gott die Sendung, Grund und Lebenszelle der Gesellschaft zu sein. Diese Sendung wird sie erfüllen, wenn sie sich in der gegenseitigen Liebe ihrer Glieder und im gemeinsamen Gebet vor Gott als häusliches Heiligtum der Kirche erweist; wenn sich die ganze Familie in den liturgischen Gottesdienst der Kirche eingliedert; wenn schließlich die Familie zu echter Gastfreundschaft bereit ist, Gerechtigkeit und andere gute Werke zum Dienst aller notleidenden Brüder fördert.

Unter den verschiedenen Werken des Familienapostolates seien folgende genannt: verlassene Kinder an Kindes Statt annehmen, Fremde freundlich aufnehmen, bei der Gestaltung des Schullebens helfend mitwirken, Heranwachsenden mit Rat und Tat zur Seite stehen, Brautleuten zu einer besseren Ehevorbereitung helfen, in der Katechese mitarbeiten, Eheleute und Familien in materieller und sittlicher Not stützen, alte Menschen nicht nur mit dem Notwendigen versehen, sondern ihnen auch einen angemessenen Anteil am wirtschaftlichen Fortschritt zukommen lassen.

Immer und überall, besonders aber in den Gegenden, in denen der Same des Evangeliums zum erstenmal ausgestreut wird, die Kirche erst in ihren Anfängen steht oder sich in einer irgendwie bedrohlichen Lage befindet, legen christliche Familien vor der Welt ein überaus kostbares Zeugnis für Christus ab, wenn sie durch ihr ganzes Leben dem Evangelium verbunden sind und das Beispiel einer christlichen Ehe geben.

Um die Ziele ihres Apostolates leichter erreichen zu können, kann es zweckmäßig sein, daß sich die Familien zu Gruppen zusammenschließen.

Die Jugendlichen

12. Die Jugend hat in der heutigen Gesellschaft einen sehr bedeutsamen Einfluß. Dabei sind ihre Lebensverhältnisse, ihre Geisteshaltung und die Bindungen zur eigenen Familie weitgehend geändert. Oft wechseln die Jugendlichen viel zu schnell in eine neue gesellschaftliche und wirtschaftliche Situation hinein. Während aber ihre soziale und auch ihre politische Bedeutung von Tag zu Tag

wächst, scheinen sie für eine entsprechende Übernahme der neuen Belastungen nicht gerüstet.

Diese ihre gesteigerte Gewichtigkeit in der Gesellschaft fordert von ihnen ein ähnlich gesteigertes apostolisches Wirken. Ihre eigene natürliche Art macht sie dazu ja auch geeignet. Im wachsenden Bewußtsein der eigenen Persönlichkeit, getrieben von vitaler Begeisterung und überschäumendem Tatendrang, übernehmen sie eigene Verantwortung, begehren sie ihren Anteil am sozialen und kulturellen Leben: Wenn dieser Eifer vom Geist Christi, von Gehorsam und Liebe gegenüber den Hirten der Kirche erfüllt ist, kann man davon überreiche Frucht erhoffen. Junge Menschen selbst müssen die ersten und unmittelbaren Apostel der Jugend werden und in eigener Verantwortung unter ihresgleichen apostolisch wirken, immer unter Berücksichtigung des sozialen Milieus, in dem sie leben.

Die Erwachsenen mögen dafür Sorge tragen, mit den Jugendlichen in ein freundschaftliches Gespräch zu kommen, das beiden Teilen erlaubt, den Altersabstand zu überwinden, sich gegenseitig kennenzulernen und die je eigenen reichen Werte einander mitzuteilen. Die Erwachsenen mögen die Jugend zunächst durch ihr Beispiel, bei gegebener Gelegenheit auch durch klugen Rat und tatkräftige Hilfe zum Apostolat anregen. Die Jugendlichen mögen sich um Achtung und Vertrauen gegenüber den Erwachsenen bemühen; und wenn sie auch von Natur aus dem jeweils Neuen zuneigen, mögen sie doch auch lobenswerte Überlieferungen geziemend achten.

Auch die Kinder haben schon eine ihnen eigentümliche apostolische Betätigung. Ihren Kräften entsprechend sind sie wahre Zeugen für Christus unter ihren Kameraden.

Das soziale Umfeld

13. Das Apostolat im sozialen Milieu, nämlich das Bemühen, Mentalität und Sitte, Gesetz und Strukturen der Gemeinschaft, in der jemand lebt, im Geist Christi zu gestalten, ist so sehr Aufgabe und Pflicht der Laien, daß sie durch andere niemals entsprechend erfüllt werden kann. In diesem Bereich können die Laien ein Apostolat unter ihresgleichen ausüben. Hier ergänzen sie das Zeugnis des Lebens durch das Zeugnis des Wortes. Hier im Bereich der Arbeit, des Berufes, des Studiums, der Wohnstätte, der Freizeit, des kameradschaftlichen Zusammenseins, sind sie eher imstande, ihren Brüdern zu helfen.

Diese Sendung der Kirche in der Welt erfüllen die Laien vor allem durch

a) jene Einheit von Leben und Glauben, durch die sie zum Licht der Welt werden; durch die Rechtschaffenheit in all ihrem Tun, in der sie alle für die Liebe zum Wahren und Guten und schließlich für Christus und die Kirche gewinnen;

b) durch eine brüderliche Liebe, die sie am Leben, Arbeiten, Leiden und Sehnen ihrer Brüder teilnehmen läßt und in der sie die Herzen aller allmählich und unaufdringlich für das Wirken der Heilsgnade vorbereiten;

c) endlich durch jenes volle Bewußtsein ihres Anteils am Aufbau der Gesellschaft, in dem sie ihre häusliche, gesellschaftliche und berufliche Tätigkeit mit christlichem Großmut auszuüben trachten. So durchdringt ihre Art zu handeln allmählich das ganze Lebens- und Arbeitsmilieu.

Dieses Apostolat muß alle umfassen, die in jenem Milieu leben. Es darf auch kein erreichbares geistliches oder zeitliches Gut ausschließen. Aber die wahren Apostel begnügen sich nicht mit solchem Tun; sie sind darüber hinaus bestrebt, Christus auch durch ihr Wort ihren Nächsten zu verkünden. Viele Menschen kommen ja nur durch ihnen nahestehende Laien dazu, das Evangelium zu hören und Christus zu erkennen.

Die nationale und internationale Ordnung

14. Ein unermeßliches Feld des Apostolates tut sich im nationalen und internationalen Bereich auf, wo vor allem die Laien Mitarbeiter der christlichen Weisheit sind. In Liebe gegenüber ihrer Nation und in treuer Erfüllung ihrer bürgerlichen Aufgaben sollen die Katholiken sich verpflichtet wissen, das wahre Gemeinwohl zu fördern und das Gewicht ihrer Meinung stark zu machen, damit die

staatliche Gewalt gerecht ausgeübt wird und die Gesetze der sittlichen Ordnung und dem Gemeinwohl entsprechen. Katholiken, die in öffentlichen Fragen sachverständig und in Glauben und christlicher Lehre entsprechend gefestigt sind, mögen sich der Übernahme öffentlicher Aufgaben nicht versagen. Durch deren gute Erfüllung dienen sie dem Gemeinwohl und können zugleich dem Evangelium einen Weg bahnen.

Die Katholiken seien bestrebt, mit allen Menschen guten Willens zusammenzuarbeiten zur Förderung alles dessen, was wahr, gerecht, heilig und liebenswert ist (vgl. *Phil* 4,8). Sie mögen mit ihnen im Gespräch bleiben, sie an Kenntnis und Menschlichkeit übertreffen und nachforschen, wie man die gesellschaftlichen und öffentlichen Einrichtungen im Geist des Evangeliums vervollkommnen kann.

Unter den charakteristischen Zeichen unserer Zeit verdient der wachsende und unwiderstehliche Sinn für die Solidarität aller Völker besondere Beachtung; ihn sorgsam zu fördern und in eine reine und wahre Leidenschaft der Brüderlichkeit zu läutern ist eine Aufgabe des Laienapostolates. Zudem müssen die Laien den internationalen Bereich mit all den theoretischen und praktischen Fragen und Lösungen im Auge behalten, die darin anstehen, vor allem im Hinblick auf die Völker in den Entwicklungsländern.

Alle, die in fremden Nationen arbeiten oder helfen, sollen bedenken, daß die Beziehungen zwischen den Völkern ein wirklich brüderlicher Austausch sein müssen, bei dem beide Teile zugleich geben und empfangen. Wer aber auf Reisen ist, mögen internationale Angelegenheiten, wirtschaftliche Interessen oder Freizeit der Anlaß dazu sein -, soll bedenken, daß er überall auch wandernder Bote Christi ist; er soll sich als solcher auch in der Tat verhalten.

IV. KAPITEL

VERSCHIEDENE FORMEN DES APOSTOLATES

Einleitung

15. Die Laien können ihre apostolische Tätigkeit als einzelne ausüben; sie können sich dabei aber auch zu verschiedenen Gemeinschaften oder Vereinigungen zusammenschließen.

Bedeutung und Vielfalt des persönlichen Apostolates

16. Das von jedem einzelnen zu übende Apostolat, das überreich aus einem wahrhaft christlichen Leben strömt (vgl. *Joh* 4,14), ist Ursprung und Voraussetzung jedes Apostolates der Laien, auch des gemeinschaftlichen. Es kann durch nichts ersetzt werden.

Zu diesem immer und überall fruchtbringenden, aber unter bestimmten Umständen einzig entsprechenden und möglichen Apostolat sind alle Laien, wo immer sie stehen, gerufen und verpflichtet, auch wenn ihnen Gelegenheit oder Möglichkeit fehlt, in Vereinigungen mit anderen zusammenzuarbeiten.

Es gibt viele Formen des Apostolates, durch die die Laien die Kirche aufbauen, die Welt heiligen und in Christus beleben.

Eine besondere Form des Apostolates und ein auch unseren Zeiten höchst gemäßes Zeichen, Christus, der in seinen Gläubigen lebt, sichtbar zu machen, ist das Zeugnis des ganzen Lebens eines Laien, das aus Glaube, Hoffnung und Liebe entspringt. Im Apostolat des Wortes dagegen, das in gewissen Situationen unbedingt notwendig ist, verkünden die Laien Christus, stellen sie den Kern seiner Lehre heraus, verbreiten diese, wie es der Stellung und Sachkundigkeit eines jeden entspricht, und bekennen sie treu.

Als Mitarbeiter beim Aufbau und in der Gestaltung der zeitlichen Ordnung - sind sie doch Bürger dieser Welt - müssen die Laien überdies für ihr Leben in Familie, Beruf, Kultur und Gesellschaft höhere Grundsätze des Handelns im Licht des Glaubens zu finden suchen und anderen bei gegebener Gelegenheit aufzeigen. Sie dürfen dabei das Bewußtsein haben, daß sie so Mitarbeiter Gottes des Schöpfers, Erlösers und Heiligmachers werden und ihm Rühmung erweisen.

Endlich mögen die Laien ihr Leben durch die Liebe beleben und dies möglichst durch die Tat zum Ausdruck bringen.

Alle seien eingedenk, daß ihr öffentlicher Gottesdienst, ihr Gebet, ihre Buße und die freie Annahme der Mühen und Drangsale des Lebens, durch die sie dem leidenden Christus gleichförmig werden (vgl. 2 *Kor* 4,10; *Kol* 1,24), alle Menschen erreichen und zum Heil der ganzen Welt beitragen können.

Das persönliche Apostolat unter besonderen Umständen

17. Von größter und dringender Notwendigkeit ist dieses persönliche Apostolat dort, wo die Freiheit der Kirche schwer behindert ist. In diesen schwierigsten Verhältnissen treten die Laien, soweit es ihnen möglich ist, an die Stelle der Priester. Sie setzen oft ihre eigene Freiheit, bisweilen auch ihr Leben aufs Spiel, lehren die Menschen ihrer Umgebung die Lehre Christi, unterweisen sie im religiösen Leben und im katholischen Denken und leiten sie zu häufigem Empfang der Sakramente und vor allem zur Pflege der eucharistischen Frömmigkeit an. Die Heilige Synode dankt aus ganzem Herzen Gott, der auch in unserer Zeit nicht aufhört, inmitten der Verfolgungen Laien von heroischer Tapferkeit zu wecken, und versichert sie ihrer väterlichen Liebe und Dankbarkeit.

Das persönliche Apostolat hat ein besonderes Wirkungsfeld in den Ländern, in denen die Katholiken eine Minderheit bilden und in der Diaspora leben. Hier kann es nützlich sein, wenn Laien, die nur als einzelne apostolisch tätig sind, sei es aus den oben erwähnten, sei es aus besonderen, auch in der eigenen beruflichen Tätigkeit liegenden Gründen, sich doch in kleineren Gruppen, ohne strengere institutionelle oder organisatorische Form, zum Gespräch zusammenfinden, jedoch so, daß immer das Zeichen der Gemeinschaft der Kirche vor den anderen als ein wahres Zeugnis der Liebe in Erscheinung tritt. So helfen sie durch Freundschaft und Erfahrungsaustausch geistlich einander, gewinnen Kraft zur Überwindung der Unannehmlichkeiten eines allzu isolierten Lebens und Tuns, und dadurch bringt auch ihr Apostolat reichere Frucht.

Bedeutung des in Gemeinschaft vollzogenen Apostolates

18. Die Gläubigen sind gewiß als einzelne zur Verwirklichung des Apostolates in ihren verschiedenen Lebenslagen berufen; dennoch mögen sie bedenken, daß der Mensch seiner Natur nach ein gesellschaftliches Wesen ist und daß es Gott gefallen hat, die an Christus Glaubenden zu einem Volk Gottes (vgl. 1 *Petr* 2,5-10) und zu einem Leib zu vereinigen (vgl. 1 *Kor* 12,12). Das in Gemeinschaft geübte Apostolat der Gläubigen entspricht also in glücklicher Weise ebenso einem menschlichen wie einem christlichen Bedürfnis. Es stellt zugleich ein Zeichen der Gemeinschaft und der Einheit der Kirche in Christus dar, der gesagt hat: "Wo zwei oder drei in meinem Namen versammelt sind, da bin ich mitten unter ihnen" (*Mt* 18,20).

Darum mögen die Gläubigen in einmütigem Zusammenwirken apostolisch tätig sein (2). Sie seien

Apostel in ihrer Familiengemeinschaft wie in Pfarrei und Bistum, die selbst ein Ausdruck des Gemeinschaftscharakters des Apostolates sind, aber auch in freien Gruppierungen, zu denen sie sich zusammenschließen wollen.

Das in Gemeinschaft vollzogene Apostolat ist auch deshalb von großer Bedeutung, weil das Apostolat sowohl in den Gemeinschaften der Kirche als auch in den verschiedenen Milieus oft ein gemeinsames Vorgehen verlangt. Die für gemeinsame apostolische Betätigung errichteten Vereinigungen geben nämlich ihren Mitgliedern Halt, bilden sie für das Apostolat aus, ordnen und leiten ihre apostolische Tätigkeit, so daß man viel reichere Frucht erwarten kann, als wenn jeder einzeln für sich handelt.

In der gegenwärtigen Situation aber ist es geradezu unerläßlich, daß man im Bereich der Tätigkeit der Laien die gemeinschaftliche und organisierte Form des Apostolates stärkt; denn ein enges Verbundensein der Kräfte ist allein imstande, alle Ziele des heutigen Apostolates voll zu erreichen und seine Werte wirksam zu verteidigen. Dabei ist es von besonderer Wichtigkeit, daß sich das Apostolat auch mit der gemeinsamen geistigen Einstellung und mit der sozialen Situation derer befaßt, an die es sich wendet. Sonst werden diese oft dem Druck der öffentlichen Meinung und der Institutionen nicht gewachsen sein.

Vielfalt der Vereinigungen des Apostolates

19. Bei den Vereinigungen des Apostolates finden wir eine große Verschiedenheit. Einige nehmen sich das allgemeine apostolische Ziel der Kirche vor, andere verfolgen nur die Teilziele der Evangelisierung und Heiligung, andere die Ziele der christlichen Beseelung der zeitlichen Ordnung, andere wieder legen in besonderer Weise durch Werke der Barmherzigkeit und der Liebe Zeugnis für Christus ab.

Unter diesen Vereinigungen sind vor allem jene beachtenswert, die eine innigere Einheit zwischen dem praktischen Leben ihrer Mitglieder und ihrem Glauben fördern und betonen. Die Vereinigungen sind sich nicht selbst Zweck, sollen vielmehr der Erfüllung der Sendung der Kirche an der Welt dienen. Ihre apostolische Kraft hängt von ihrer Gleichförmigkeit mit den Zielen der Kirche ab sowie vom christlichen Zeugnis und vom evangelischen Geist ihrer einzelnen Mitglieder und der ganzen Vereinigung.

Die universale Aufgabe der Sendung der Kirche erfordert aber angesichts der fortschreitenden Institutionalisierung und der unerhörten Entwicklung der heutigen Gesellschaft, daß die apostolischen Initiativen der Katholiken immer vollkommenere Formen auf internationaler Ebene entwickeln. Die internationalen katholischen Organisationen werden ihr Ziel besser erreichen, wenn die Gruppen, die in ihnen zusammengefaßt sind, und deren Mitglieder enger mit ihnen verbunden werden.

Unter Wahrung der erforderlichen Verbundenheit mit der kirchlichen Autorität haben die Laien das Recht, Vereinigungen zu gründen, zu leiten und den gegründeten beizutreten. Doch ist dabei eine Zersplitterung der Kräfte zu vermeiden. Diese tritt dann ein, wenn man ohne ausreichenden Grund neue Vereinigungen und Werke fördert oder an veralteten Vereinigungen und Methoden festhält, die keinen Nutzen mehr bringen. Es ist auch nicht immer zweckmäßig, Formen, die in einer Nation eingerichtet sind, unterschiedslos auf andere zu übertragen.

Die Katholische Aktion

20. In mehreren Nationen haben sich seit einigen Jahrzehnten Laien, die sich immer intensiver dem Apostolat widmeten, zu verschiedenen Formen von Aktionen und Vereinigungen zusammengeschlossen, die in engerer Verbindung mit der Hierarchie die im eigentlichen Sinn apostolischen Ziele verfolgten und noch verfolgen. Unter diesen oder auch ähnlichen älteren Einrichtungen sind vor allem die zu erwähnen, die, wenn auch mit verschiedenen Methoden, reichste Frucht für die Herrschaft Christi hervorgebracht haben, von den Päpsten und vielen Bischöfen mit Recht empfohlen und gefördert wurden und von ihnen den Namen Katholische Aktion erhalten haben. Sie wurden

wiederholt als Mitarbeit der Laien am hierarchischen Apostolat beschrieben.

Diese Formen des Apostolates, ob sie nun den Namen Katholische Aktion führen oder einen anderen, die in unserer Zeit ein Apostolat von hohem Wert ausüben, sind dadurch gekennzeichnet, daß bei ihnen folgende Merkmale zusammentreffen und zusammen bejaht werden:

a) Das unmittelbare Ziel dieser Organisationen ist das apostolische Ziel der Kirche, nämlich in Hinordnung auf die Evangelisierung und Heiligung der Menschen sowie auf die christliche Bildung ihres Gewissens, so daß sie die verschiedenen Gemeinschaften und Milieus mit dem Geist des Evangeliums durchdringen können.

b) Die Laien arbeiten in der ihnen eigentümlichen Weise mit der Hierarchie zusammen, tragen ihre eigene Erfahrung bei und übernehmen Verantwortung in der Leitung dieser Organisationen, in der Beurteilung der Verhältnisse, unter denen die pastorale Tätigkeit der Kirche auszuüben ist, und in der Planung und Durchführung des Aktionsprogramms.

c) Die Laien handeln vereint nach Art einer organischen Körperschaft, so daß die Gemeinschaft der Kirche deutlicher zum Ausdruck gebracht und so das Apostolat wirksamer wird.

d) Die Laien, die sich freiwillig anbieten oder zum Wirken und zur direkten Mitarbeit mit dem hierarchischen Apostolat eingeladen werden, handeln unter der Oberleitung der Hierarchie selbst. Diese kann die Mitarbeit auch durch ein ausdrückliches Mandat bestätigen.

Die Organisationen, in denen sich diese Merkmale nach dem Urteil der Hierarchie zusammen vorfinden, sind als Katholische Aktion anzusehen, wenn sie auch wegen der lokalen und nationalen Erfordernisse verschiedene Formen und Namen annehmen. Das Heilige Konzil empfiehlt nachdrücklich diese Einrichtungen, die zweifellos den Notwendigkeiten des Apostolates der Kirche bei vielen Völkern entsprechen. Es lädt die Priester und Laien, die in ihnen mitarbeiten, ein, die oben erwähnten Merkmale mehr und mehr zu verwirklichen und mit allen anderen Formen des Apostolates immer brüderlich in der Kirche zusammenzuarbeiten.

Wertschätzung der Vereinigungen

21. Alle apostolischen Vereinigungen sind gebührend zu schätzen. Die aber, die die Hierarchie entsprechend den zeitlichen und örtlichen Notwendigkeiten lobt oder empfiehlt oder deren Errichtung sie als besonders dringlich erklärt, sind von Priestern, Ordensleuten und Laien besonders hochzuschätzen und nach den Möglichkeiten eines jeden zu fördern. Zu ihnen gehören heute vor allem die internationalen Vereinigungen und Zusammenschlüsse der Katholiken.

Die Laien in besonderem Dienst der Kirche

22. Besondere Ehre und Empfehlung verdienen in der Kirche jene Laien, die, ehelos oder verheiratet, sich selbst für immer oder auf Zeit mit ihrem Fachwissen dem Dienst an den kirchlichen Institutionen und an deren Werken hingeben. Es gereicht ihr zur großen Freude, daß die Zahl der Laien von Tag zu Tag wächst, die den ihnen eigentümlichen Dienst den apostolischen Vereinbarungen und Werken anbieten, sei es innerhalb der Grenzen ihres eigenen Volkes, sei es auf internationaler Ebene, sei es vor allem in den katholischen Gemeinschaften der Mission und der jungen Kirchen.

Die Hirten der Kirche sollen diese Laien gern und dankbar aufnehmen und dafür sorgen, daß die Bedingungen, unter denen sie leben, den Erfordernissen der Gerechtigkeit, der Billigkeit und der Liebe möglichst entsprechen. Das gilt vor allem vom standesgemäßen Unterhalt dieser Laien und ihrer Familien. Dazu sollten sich die Laien immer der nötigen Unterweisung, der geistlichen Stützung und Ermunterung erfreuen.

V. KAPITEL

DIE ORDNUNG

Einleitung

23. Das Apostolat der Laien muß, ob es nun vom Einzelnen oder in Gemeinschaft ausgeübt wird, in rechter Weise in das Apostolat der Gesamtkirche

eingeordnet sein. Ja die Verbindung mit denen, die der Heilige Geist dazu bestellt hat, die Kirche Gottes zu leiten (vgl. *Apg* 20,28), ist ein wesentliches Element des christlichen Apostolates. Nicht weniger notwendig ist die Zusammenarbeit der verschiedenen apostolischen Werke. Sie ist von der Hierarchie entsprechend zu ordnen.

Um den Geist der Einheit zu fördern, im ganzen Apostolat der Kirche die brüderliche Liebe aufleuchten zu lassen, die gemeinsamen Ziele zu erreichen und verderbliche Eifersüchteleien zu vermeiden, ist die gegenseitige Hochschätzung aller Formen des Apostolates in der Kirche und - unter Wahrung der Eigenart einer jeden einzelnen - ihre angemessene Koordinierung nötig. Das gilt vor allem, wenn eine besondere Aktion in der Kirche Einmütigkeit und apostolische Zusammenarbeit von Welt- und Ordensklerus, Ordensleuten und Laien verlangt.

Beziehungen zur Hierarchie

24. Es ist die Aufgabe der Hierarchie, das Apostolat der Laien zu fördern, Grundsätze und geistliche Hilfen zu geben, seine Ausübung auf das kirchliche Gemeinwohl hinzuordnen und darüber zu wachen, daß Lehre und Ordnung gewahrt bleiben.

Freilich läßt das Apostolat der Laien, je nach seinen verschiedenen Formen und Inhalten, verschiedenartige Beziehungen zur Hierarchie zu.

In der Kirche gibt es nämlich sehr viele apostolische Werke, die durch freie Entschließung der Laien zustande kommen und auch nach ihrem klugen Urteil geleitet werden. Durch solche Werke kann die Sendung der Kirche unter bestimmten Umständen sogar besser erfüllt werden. Deshalb werden sie auch nicht selten von der Hierarchie gelobt und empfohlen. Kein Werk aber darf sich ohne Zustimmung der rechtmäßigen kirchlichen Autorität "katholisch" nennen.

Gewisse Formen des Apostolates der Laien werden, wenn auch in unterschiedlicher Weise, von der Hierarchie ausdrücklich anerkannt. Darüber hinaus kann die kirchliche Autorität mit Rücksicht auf die Erfordernisse des kirchlichen Gemeinwohls aus den apostolischen Vereinigungen und Werken, die unmittelbar ein geistliches Ziel anstreben, einige auswählen und in besonderer Weise fördern, in denen sie dann auch eine besondere Verantwortung auf sich nimmt. Die Hierarchie, die das Apostolat je nach den Umständen auf verschiedene Weise ordnet, verbindet so eine seiner Formen enger mit ihrem eigenen apostolischen Amt, freilich unter Wahrung der Natur und der Verschiedenheit beider und darum auch der notwendigen Möglichkeit der Laien, in eigener Verantwortung zu handeln. Dieser Akt der Hierarchie wird in verschiedenen kirchlichen Dokumenten Mandat genannt.

Schließlich vertraut die Hierarchie den Laien auch gewisse Aufgaben an, die enger mit den Ämtern der Hirten verbunden sind, etwa bei der Unterweisung in der christlichen Lehre, bei gewissen liturgischen Handlungen und in der Seelsorge. Kraft dieser Sendung unterstehen dann die Laien bei der Ausübung ihres Amtes voll der höheren kirchlichen Leitung.

Hinsichtlich der Werke und Einrichtungen der zeitlichen Ordnung ist es Aufgabe der kirchlichen Hierarchie, die in den zeitlichen Dingen zu befolgenden sittlichen Grundsätze zu lehren und authentisch zu interpretieren. Ihr steht das Recht zu, nach gehöriger Überlegung und unter Beziehung der Hilfe von Sachverständigen über die Übereinstimmung solcher Werke und Einrichtungen mit den sittlichen Grundsätzen zu urteilen und darüber zu bestimmen, was zur Wahrung und Förderung der Güter der übernatürlichen Ordnung erforderlich ist.

Die Unterstützung des Laienapostolates durch den Klerus

25. Bischöfe und Pfarrer sowie die übrigen Priester des Welt- und Ordensklerus mögen sich vor Augen halten, daß das Recht und die Pflicht zur Ausübung des Apostolates allen Gläubigen, Klerikern und Laien, gemeinsam ist und daß auch die Laien bei der Auferbauung der Kirche eine ihnen eigentümliche Aufgabe haben. Darum mögen sie brüderlich mit den Laien in der Kirche und für die

Kirche arbeiten und diesen in ihrem apostolischen Wirken besondere Sorge schenken.

Zur Unterstützung der besonderen Formen des Laienapostolates sollen geeignete und wohlausgebildete Priester sorgfältig ausgewählt werden. Die sich aber diesem Dienst widmen, repräsentieren bei ihrem pastoralen Wirken die Hierarchie aufgrund der von ihr empfangenen Sendung. Dem Geist und der Lehre der Kirche stets treu, sollen sie ein gutes Verhältnis der Laien zur Hierarchie fördern. Für die Pflege des geistlichen Lebens und des apostolischen Sinnes der ihnen anvertrauten katholischen Vereinigungen mögen sie sich ganz einsetzen. Mit ihrem weisen Rat sollen sie der apostolischen Tätigkeit dieser Vereinigungen zur Seite stehen und ihre Initiativen fördern. In ständig mit den Laien geführtem Gespräch sollen sie aufmerksam die Formen suchen, die die apostolische Aktion fruchtbarer machen. Sie sollen den Geist der Einheit innerhalb der betreffenden Vereinigung und zwischen ihr und den übrigen Vereinigungen fördern.

Die Ordensleute endlich, Brüder oder Schwestern, sollen die apostolischen Werke der Laien schätzen und sich entsprechend dem Geist und den Bestimmungen der Institute gern der Förderung der Werke der Laien widmen. Sie sollen die priesterlichen Aufgaben zu stützen, zu fördern und zu ergänzen trachten.

Einige Instrumente für die Zusammenarbeit

26. In den Diözesen sollen nach Möglichkeit beratende Gremien eingerichtet werden, die die apostolische Tätigkeit der Kirche im Bereich der Evangelisierung und Heiligung, im caritativen und sozialen Bereich und in anderen Bereichen bei entsprechender Zusammenarbeit von Klerikern und Ordensleuten mit den Laien unterstützen. Unbeschadet des je eigenen Charakters und der Autonomie der verschiedenen Vereinigungen und Werke der Laien werden diese Beratungskörper deren gegenseitiger Koordinierung dienen können.

Solche Gremien sollten, soweit wie möglich, auch auf pfarrlicher, zwischenpfarrlicher und interdiözesaner Ebene, aber auch im nationalen und internationalen Bereich geschaffen werden.

Beim Heiligen Stuhl soll darüber hinaus ein besonderes Sekretariat zum Dienst und zur Anregung für das Laienapostolat errichtet werden; ein Zentrum, das mit geeigneten Mitteln Informationen über die verschiedenen apostolischen Unternehmungen der Laien vermitteln, Untersuchungen über die heute in diesem Bereich erwachsenden Fragen anstellen und mit seinem Rat der Hierarchie und den Laien in den apostolischen Werken zur Verfügung stehen soll. An diesem Sekretariat sollen die verschiedenen Bewegungen und Werke des Laienapostolates der ganzen Welt beteiligt sein. Dabei sollen auch Kleriker und Ordensleute mit den Laien zusammenarbeiten.

Die Zusammenarbeit mit anderen Christen und mit Nicht-Christen

27. Das Evangelium, das uns wie ein gemeinsames väterliches Erbe miteinander verbindet, und die daraus sich ergebende gemeinsame Pflicht zum christlichen Zeugnis empfehlen, ja fordern oft genug die Zusammenarbeit der Katholiken mit anderen Christen, von den einzelnen und von den Gemeinschaften der Kirche, bei Einzelaktionen und in Vereinigungen, auf nationaler und internationaler Ebene. Die gemeinsamen menschlichen Werte verlangen darüber hinaus nicht selten eine ähnliche Zusammenarbeit der Christen, die apostolische Ziele verfolgen, mit Menschen, die sich zum christlichen Namen nicht bekennen, aber jene Werte anerkennen. Durch diese dynamische und kluge Zusammenarbeit, die für die Tätigkeiten im zeitlichen Bereich von großer Bedeutung ist, legen die Laien Zeugnis für Christus, den Erlöser der Welt, und für die Einheit der Menschheitsfamilie ab.

VI. KAPITEL

DIE BILDUNG ZUM APOSTOLAT

Notwendigkeit der Bildung zum Apostolat

28. Das Apostolat kann seine volle Wirksamkeit nur unter Voraussetzung einer vielfältigen und umfassenden Bildung erreichen. Eine solche verlangen nicht nur der stetige geistliche und geistige Fortschritt des Laien selbst, sondern auch die verschiedenen Sachbereiche, Personen und Aufgaben,

denen sich sein Wirken anpassen muß. Die Bildung zum Apostolat muß sich auf jene Grundlagen stützen, die dieses Konzil schon in anderen Dokumenten beschrieben und erläutert hat. Außer der allen Christen gemeinsamen Bildung fordern nicht wenige Formen des Apostolates wegen der Verschiedenheit der Personen und Umstände auch eine spezifische und gesonderte Bildung.

Bildungsprinzipien für das Laienapostolat

29. Da die Laien auf ihre Weise an der Sendung der Kirche teilnehmen, erhält ihre apostolische Bildung vom weltbezogenen Eigencharakter des Laientums selbst und von seiner Spiritualität eine besondere Prägung.

Die Bildung zum Apostolat setzt eine gewisse, der Begabung und der Situation eines jeden gemäße gesamtmenschliche Bildung voraus. Der Laie muß nämlich die Welt dieser unserer Zeit gut kennen und darum ein Glied seiner eigenen Gesellschaft sein, das für deren Kultur aufgeschlossen ist.

Vor allem aber muß der Laie lernen, die Sendung Christi und der Kirche zu erfüllen, indem er aus dem Glauben im göttlichen Mysterium der Schöpfung und Erlösung lebt, gedrängt vom Heiligen Geist, der das Volk Gottes belebt und alle Menschen bewegt, Gott den Vater zu lieben und Welt und Menschen in ihm. Diese Bildung ist als Fundament und Voraussetzung jedes fruchtbaren Apostolates anzusehen.

Außer der geistlichen Bildung ist eine gründliche theoretische Unterweisung erforderlich, und zwar eine theologische, ethische, philosophische, immer entsprechend der Verschiedenheit des Alters, der Stellung und Begabung. Auch die Bedeutung einer Allgemeinbildung, in der das praktische und technische Moment nicht fehlt, darf keineswegs geringgeschätzt werden. Zur Wahrung guter mitmenschlicher Beziehungen sind die wahrhaft menschlichen Werte zu pflegen, vor allem die Kunst brüderlichen Zusammenlebens, der Zusammenarbeit und des Gespräches.

Weil aber die Bildung zum Apostolat nicht in bloß theoretischer Unterweisung bestehen kann, möge der Laie, zwar stufenweise und klug, aber doch vom Anfang seiner Bildung an, lernen, alles im Licht des Glaubens zu betrachten, zu beurteilen und zu tun, durch sein Handeln sich selbst mit den anderen weiterzubilden und zu vervollkommnen und so in einen wirkungsreichen Dienst für die Kirche hineinzuwachsen. Diese Bildung, die immer mehr zu vervollkommnen ist, verlangt schon mit Rücksicht auf die wachsende Reife der Person und auf die immer neuen Probleme ein von Tag zu Tag tieferes Wissen und eine entsprechend angepaßte Tätigkeit. Um allen Bildungsansprüchen gerecht zu werden, ist immer die Einheit und Ganzheit der menschlichen Person im Auge zu halten, so daß ihre Harmonie und ihr Gleichgewicht gewahrt und gestärkt werden.

So fügt sich der Laie selbst reif und geflissentlich in die Wirklichkeit der zeitlichen Ordnung ein und übernimmt erfolgreich seine Funktion bei ihrer Gestaltung. Zugleich macht er die Kirche als ihr lebendiges Glied und als ihr Zeuge inmitten der zeitlichen Dinge präsent und wirksam.

Die zum Apostolat Erziehenden

30. Die Bildung zum Apostolat muß mit der ersten Unterweisung in der Kindheit beginnen. Besonders aber sollen die Heranwachsenden und Jugendlichen in das Apostolat eingeführt und von seinem Geist durchdrungen werden. Diese Bildung ist, wie es neu übernommene Aufgaben jeweils erfordern, durch das ganze Leben hindurch zu vervollständigen. Darum kann es nicht anders sein, als daß den christlichen Erziehern auch die Pflicht der Bildung zum Apostolat obliegt.

Es ist Sache der Eltern, schon ihre Kinder in der Familie von klein auf dazu zu befähigen, daß sie die Liebe Gottes gegen alle Menschen immer mehr erkennen. Sie mögen sie stufenweise, vor allem durch ihr Beispiel, lehren, sich um die materiellen und geistigen Nöte ihres Nächsten zu kümmern. So soll die ganze Familie und ihr Gemeinschaftsleben geradezu eine Schule des Apostolates werden.

Zudem müssen die Kinder dazu erzogen werden, über die Familie hinauszuwachsen und für die kirchlichen und weltlichen Gemeinschaften aufgeschlossen zu sein. In die örtliche Gemeinschaft der

Pfarrei sollen sie so hineingenommen werden, daß sie in ihr das Bewußtsein gewinnen, schon lebendige und aktive Glieder des Volkes Gottes zu sein.

Die Priester aber mögen in der Katechese, im Dienst des Wortes, in der Seelenführung und bei anderen pastoralen Dienstleistungen die Bildung zum Apostolat im Auge behalten. Auch die Schulen, die Kollegien und andere katholische Bildungseinrichtungen haben die Aufgabe, bei den Jugendlichen katholisches Denken und apostolisches Tun zu fördern. Wenn diese Bildung fehlt, entweder weil die Jugendlichen solche Schulen nicht besuchen oder aus anderen Gründen, mögen die Eltern, die Seelsorger und apostolischen Vereinigungen um so mehr dafür Sorge tragen.

Die Lehrer und Erzieher aber, die schon kraft ihrer Berufung und ihres Amtes eine hervorragende Form des Laienapostolates ausüben, sollen mit dem nötigen Wissen und dem entsprechenden pädagogischen Geschick ausgestattet sein, um diese Unterweisung wirksam geben zu können.

Ebenso sollen die Gruppen und Vereinigungen der Laien, ob sie nun das Apostolat oder andere übernatürliche Ziele anstreben, je nach ihrem Ziel und ihrer Weise die Bildung zum Apostolat fördern4. Sie sind oft sogar der normale Weg zu einer ausgewogenen apostolischen Bildung. In ihnen finden sich nämlich die theoretische, geistliche und praktische Bildung vereint. Ihre Mitglieder besprechen mit ihren Kameraden und Freunden in kleinen

Gruppen Methoden und Ergebnisse ihrer apostolischen Tätigkeit und konfrontieren ihr tägliches Leben mit dem Evangelium.

Dabei ist diese Bildung so einzurichten, daß sie das ganze Laienapostolat berücksichtigt, das ja nicht nur innerhalb der Zusammenkünfte der einzelnen Vereinigungen selbst, sondern auch in allen Verhältnissen durch das ganze Leben hindurch zur Verwirklichung kommt, vor allem im beruflichen und gesellschaftlichen Leben.

Ja auch jeder einzelne muß sich selbst eifrig zum Apostolat vorbereiten; das gilt besonders für das Erwachsenenalter. Denn mit fortschreitendem Alter weitet sich der Geist; so kann jeder gründlicher die Talente entdecken, die Gott ihm geschenkt hat, und wirksamer jene Charismen einsetzen, die ihm der Heilige Geist zum Wohl seiner Brüder verliehen hat.

Anpassung der Bildung an die verschiedenen Formen des Apostolates

31. Die verschiedenen Formen des Apostolates erfordern auch eine jeweils angemessene Bildung.

a) Was das Apostolat der Evangelisierung und Heiligung der Menschen angeht, sind die Laien besonders zum Gespräch mit anderen, Gläubigen und Ungläubigen, und zur Kundmachung der Botschaft Christi an alle zu bilden. Da aber der Materialismus in verschiedenster Ausprägung heute überall, auch unter den Katholiken, weit verbreitet ist, sollen die Laien nicht nur die katholischen Wahrheiten besser studieren, vor allem jene, die besonders umstritten sind, sondern sie sollen auch jeder Form von Materialismus das Zeugnis eines Lebens nach dem Evangelium entgegenstellen.

b) Was die christliche Ausrichtung der zeitlichen Ordnung angeht, soll den Laien die Lehre von der wahren Bedeutung und dem Wert der zeitlichen Güter vermittelt werden: vom Wert, den sie in sich selbst wie auch im Zusammenhang mit dem Gesamtziel der menschlichen Person haben. Die Laien sollen sich im rechten Gebrauch der Dinge und in der Organisation von Einrichtungen üben, immer unter Bedachtnahme auf das Gemeinwohl gemäß den Grundsätzen der kirchlichen Sitten- und Soziallehre. Vor allem die Grundsätze der Soziallehre und deren Auswirkungen sollen sie so studieren, daß sie fähig werden, für ihren Teil am Fortschritt der Lehre wie an der rechten Anwendung derselben auf den einzelnen Fall mitzuwirken.

c) Da die Werke der Liebe und der Barmherzigkeit ein hervorragendes Zeugnis christlichen Lebens darstellen, muß die apostolische Bildung auch zur Ausübung dieser Werke anleiten, damit die Gläubigen schon von Kindheit an lernen, mit ihren Brüdern mitzuleiden und ihnen in der Not großmütig zu Hilfe zu kommen.

Die Hilfsmittel

32. Den Laien, die sich dem Apostolat widmen, stehen schon viele Hilfsmittel zur Verfügung, wie Tagungen, Kongresse, Tage der Besinnung, geistliche Übungen, häufige Zusammenkünfte, Vorträge, Bücher, Handreichungen. Dadurch erlangen sie ein tieferes Verständnis der Heiligen Schrift und der katholischen Lehre, werden im geistlichen Leben gestärkt, lernen auch die Situation der Welt beurteilen und geeignete Methoden finden und erproben.

Diese Hilfen zur Bildung nehmen auf die verschiedenen Formen des Milieuapostolates Rücksicht. Zum gleichen Zweck wurden auch Zentren und höhere Institute errichtet, die schon beste Erfolge verzeichnen. Das Heilige Konzil bringt seine Freude über alle diese Errichtungen zum Ausdruck, die schon in verschiedenen Gegenden in Blüte stehen, und wünscht sehr, daß sie überall, wo sie vonnöten sind, gefördert werden.

Darüber hinaus sollen Dokumentations- und Studienzentren für alle Bereiche des Apostolates errichtet werden, und zwar nicht nur in theologischer, sondern auch in anthropologischer, psychologischer, soziologischer und methodologischer Richtung, damit die Möglichkeiten und Fähigkeiten der Laien, der Männer und Frauen, der Jugendlichen und Erwachsenen, besser ausgewertet werden.

AUFRUF DES KONZILS

33. Das Heilige Konzil beschwört also im Herrn inständig alle Laien, dem Ruf Christi, der sie in dieser Stunde noch eindringlicher einlädt, und dem Antrieb des Heiligen Geistes gern, großmütig und entschlossen zu antworten.

In besonderer Weise möge die jüngere Generation diesen Anruf als an sich gerichtet betrachten und ihn mit Freude und Hochherzigkeit aufnehmen; denn der Herr selbst lädt durch diese Heilige Synode alle Laien noch einmal ein, sich von Tag zu Tag inniger mit ihm zu verbinden und sich in seiner heilbringenden Sendung zusammenzuschließen; dabei seien sie auf das, was sein ist, wie auf ihr eigenes bedacht (vgl. *Phil* 2,5).

Von neuem sendet er sie in alle Städte und Ortschaften, in die er selbst kommen will (Lk 10,1), damit sie sich in den verschiedenen Formen und Weisen des einen Apostolates der Kirche, das dauernd den neuen Bedürfnissen der Zeiten anzupassen ist, als seine Mitarbeiter erweisen. So wirken sie allezeit und mit aller Kraft für das Werk des Herrn; dabei wissen sie wohl, daß ihre Mühe nicht vergebens ist im Herrn (vgl. 1 *Kor* 15,58).

18. November 1965

Zum Autor

Josef Hülkenberg, Dipl.-Sozialpädagoge, Jahrg. 1951, geht einen ungewöhnlichen Weg, Menschen zu ihren Visionen, gesellschaftlichen Vorstellungen oder Lösungen zu befragen und zu ermuntern.

Sein Haus in Köln hat er verkauft, den Hausrat verschenkt. Auf „Demokratie-Pilgerwegen" zog er 2007 und 2009 durch Deutschland, lädt ein zum sozialethischen Dialog und setzt unauffällig Impulse für demokratische Reflexionen und Weiterentwicklungen.

In Deutschland, der Schweiz und Österreich unterwegs mit der „denk!BAR" hält er Seminare und Vorträge, moderiert Tagungen, besucht regionale Projekte und führt Gespräche mit den Bürgern vor Ort.

Seit der Lehrzeit als Feinmechaniker und dem Engagement in der Christlichen Arbeiterjugend CAJ übernimmt er Verantwortung, um in seiner Kirche und durch seine Kirche zu mehr Humanität, Solidarität und Gerechtigkeit in der Gesellschaft beizutragen.

Als Initiator und Leiter von Beschäftigungsprojekten für arbeitslose Mitmenschen, als Mitarbeitersprecher in der Regional-KODA-NW, in Vorstandsmandaten katholischer Verbände und Organisationen, als Vorsitzender der Sachausschüsse „Kirche und Arbeitswelt" und „Kirche – Staat – Gesellschaft" im Diözesanrat Kölner Katholike setzte er nachhaltige Impulse für ein modernes Laienapostolat auf Augenhöhe.

Im Auftrag des Kölner Diözesanrates berät und begleitet er Pfarrgemeinderäte in ihrer Arbeit.

Der Mitbegründer der „Initiative Zukunft", des „Regionalen Aufbruch" und der „Initiative Verfassungskonvent" gewann als „schwarzer Bruder" trotz und durch sein klares Bekenntnis als Christ Respekt weit über seine Kirche hinaus.

Aus Gesprächs-, Reise- und Tagungsnotizen, in eigenständiger sozialethischer Reflexion entstanden die hier vorgelegten Impulse.

Wie in seinen Seminaren zieht Hülkenberg auch als Autor den pointierten Impuls der umfangreichen Ausarbeitung vor. Teilnehmer wie Leser sollen ohne akademische Rückgriffe aus eigener Alltags- und Lebenserfahrung mit gesundem Menschenverstand die vorgestellten Überlegungen nachvollziehen, prüfen und eigenständig nachvollziehen können.

Den vielfachen Analysen misslicher und ungewollter Zustände setzt er den Blick auf die Möglichkeiten entgegen. Seine Erfahrungen bringt er auf den Nenner:

+* positives multiplizieren – und Leben gewinnt

www.huelkenberg.de

Vom Autor ist weiter erschienen:

Paperback

978-3-7439-2743-8

9,99 €

Hardcover

978-3-7439-2744-5

16,99 €

e-Book

978-3-7439-2745-2

4,99 €

2012
Neuauflage 2017

Frei zu lieben

Überladen mit Problemen torkelt unsere Welt durch Raum und Zeit. Missliche Zustände reizen zu Zorn und Empörung. Doch wir haben die Wahl, wie wir der Welt begegnen.

Für Hülkenberg hat die Entscheidung zur Liebe nichts mit kuscheliger Sozialromantik oder Konflikte verdrängender Harmoniesucht zu tun.

Seine Reflexionen, Impulse und Geschichten verweisen auf Grundentscheidungen zur Personenwürde und deren Konsequenzen im zwischenmensch-lichen und gesellschaftlichen Handeln

Paperback

978-3-7439-2743-8

9,99 €

Hardcover

978-3-7439-2744-5

16,99 €

e-Book

978-3-7439-2745-2

4,99 €

2012
Neuauflage 2017

Empörung allein schafft kein Gemeinwohl

Überzeugende und verbindliche Wertkonzepte halten eine Gesellschaft zusammen. Will sie demokratische Gesellschaft sein, sollten diese Wertkonzepte und die daraus folgende Politik im breiten gesellschaftlichen Dialog entwickelt und beschlossen werden.
Für die dazu nötige demokratische Kultur engagiert sich der Dipl.-Sozialpädagoge Josef Hülkenberg. Die Reflexionen und Impulstexte laden ein zum eigenständigen Nach-Denken.

Hardcover

978-3-8491-1978-2

€ 19,00

Erschienen 2012

tredition®

Josef Hülkenberg

Protokoll eines vermeidbaren Todes

"Plötzlich und unerwartet"

Eine Formel, die nur erahnen lässt, welche Reaktionen, Ängste und Fragen ein plötzlicher, unerwarteter Tod auslöst. Die Fragwürdigkeit um diesen Tod sollten geklärt werden.
Das versprach der Witwer den Trauergästen. Es dauerte fast 10 Jahre, dass die Ergebnisse dieser Klärung vorlagen. Das Kölner Landgericht hat im Urteil vom 30. September 2009 bestätigt: **Der Tod Helga Hülkenbergs am 09. Juni 2000 war Folge grobfahrlässigen Handelns des behandelnden Internisten.**
Was damals geschah und wie es juristisch aufgearbeitet wurde, dokumentierte der Kläger im **"Protokoll eines vermeidbaren Todes"**.
Noch immer gehört eine erfolgreiche Arzthaftungsklage zu den Ausnahmen vor deutschen Gerichten.
So bietet das Protokoll auch ein Lehrstück deutscher Rechtsfindung und macht denen Mut, die auf dem Rechtsweg Gerechtigkeit suchen.

Paperback

978-3-7345-3269-6

14,99 €

Hardcover

978-3-7345-3270-2

23,99 €

e-Book

978-3-7345-3271-9

8,99 €

2015, Neuauflage 2016

Nur mal angenommen ... ... Demokratie ginge anders

Auf der Spur einer Sehnsucht und den Bedingungen ihrer Realisierung

Welche Urkraft bricht sich Bahn, wenn sich Menschen massenhaft für Volksabstimmungen, Bürgerbeteiligungen und partizipative Demokratie engagieren? Es ist eine Herausforderung an jede Demokratiereform, die Selbstregulation der Gesellschaft freier Menschen sowie den dazu förderlichen Aufbau des Staates in diesen Kompetenzen der Bürger und der dadurch ausgelösten gesellschaftlichen Dynamik zu verankern.

Mit leichter, oft humorvoller Sprache führt der Autor die Leser ein in die abenteuerliche Welt der Demokratiereform

Paperback:
978-3-7323-6861-7
€ 8,99

Hardcover:
978-3-7323-6862-4
€ 14,99

e-**Book**:
978-3-7345-3077-7
€ 4,99

2016

Der Würde wegen

Ein Zwischen-
bericht zur
Initiative Verfassungskonvent
Mit Beiträgen von Ute Behrens, Hamburg,
Ralph Boes, Berlin
Dr. Hans-Jochen Gscheidmeyer, Bremen
Heiko Lietz, Schwerin

www.tredition.de

Über tredition

Der tredition Verlag wurde 2006 in Hamburg gegründet. Seitdem hat tredition Hunderte von Büchern veröffentlicht. Autoren können in wenigen leichten Schritten print-Books, e-Books und audio-Books publizieren. Der Verlag hat das Ziel, die beste und fairste Veröffentlichungsmöglichkeit für Autoren zu bieten.

tredition wurde mit der Erkenntnis gegründet, dass nur etwa jedes 200. bei Verlagen eingereichte Manuskript veröffentlicht wird. Dabei hat jedes Buch seinen Markt, also seine Leser. tredition sorgt dafür, dass für jedes Buch die Leserschaft auch erreicht wird

Autoren können das einzigartige Literatur-Netzwerk von tredition nutzen. Hier bieten zahlreiche Literatur-Partner (das sind Lektoren, Übersetzer, Hörbuchsprecher und Illustratoren) ihre Dienstleistung an, um Manuskripte zu verbessern oder die Vielfalt zu erhöhen. Autoren vereinbaren unabhängig von tredition mit Literatur-Partnern die Konditionen ihrer Zusammenarbeit und können gemeinsam am Erfolg des Buches partizipieren.

Das gesamte Verlagsprogramm von tredition ist bei allen stationären Buchhandlungen und Online-Buchhändlern wie z. B. Amazon erhältlich. e-Books stehen bei den führenden Online-Portalen (z. B. iBook-Store von Apple) zum Verkauf.

Seit 2009 bietet tredition sein Verlagskonzept auch als sogenanntes "White-Label" an. Das bedeutet, dass andere Personen oder Institutionen risikofrei und unkompliziert selbst zum Herausgeber von Bücher und Buchreihen unter eigener Marke werden können.

Mittlerweile zählen zahlreiche renommierte Unternehmen, Zeitschriften-, Zeitungs- und Buchverlage, Universitäten, Forschungseinrichtungen, Unternehmensberatungen zu den Kunden von tredition. Unter www.tredition-corporate.de bietet tredition vielfältige weitere Verlagsleistungen speziell für Geschäftskunden an.

tredition wurde mit mehreren Innovationspreisen ausgezeichnet, u. a. Webfuture Award und Innovationspreis der Buch-Digitale.

tredition ist Mitglied im Börsenverein des Deutschen Buchhandels.

Zeitfracht Medien GmbH
Ferdinand-Jühlke-Straße 7
99095 Erfurt, Deutschland
produktsicherheit@kolibri360.de